KB170506

오래된 시간, 발칸유럽

발칸에서 동서방교회를 만나다

오래된 시간,
발칸유럽

이선미 지음

오엘북스

일러두기

· 인명과 지명은 국립국어원 외래어 표기법을 따랐다. 가톨릭 성인은 교회에서 부르는 이름
   으로 표기했으나 치릴로의 경우는 '키릴문자' 등으로 널리 알려진 이름이므로 키릴로 썼다.

· 성경 구절은 가톨릭교회의 (새번역)성경을 따랐다.

· 동방교회는 정교회를 말한다. 서방교회를 같이 얘기할 때는 동방교회라고 썼으나 때로는 혼용
   했다.

· 한여름과 늦가을에 발칸을 다녀왔다. 계절이 왔다 갔다 하는 건 그 때문이다.

코로나19 팬데믹 재확산, 가장 긴 장마와 집중호우, 마이삭과 하이선 태풍, 그에 따른 유례없는 홍수와 물난리가 지나간 9월 초 어느 늦은 오후, 성북동 스카이웨이 산책길에서 시원한 한 줄기 바람을 만났습니다. 아주 상쾌하고 감미로웠습니다. 눈을 번쩍 들어보니, 커다란 뭉게구름 사이로 청명한 가을하늘도 반기고 있었습니다. 그 순간, 모든 인간에 대한 연민과 그리움, 연대감이 쓰나미처럼 갑자기 그리고 하염없이 밀려왔습니다.

다양한 인종과 문화와 종교가 공존하는 곳이지만 그로 인해 세계의 화약고처럼 위태로웠던 발칸유럽! 이 책의 저자와 함께 발칸반도 순례여정을 걷던 당시, 우리가 방문한 발칸의 나라들은 사회주의에서 민주주의로 탈바꿈하기 위해 안간힘을 다하던 바로 직전의 모습으로 기억됩니다. 이 책에서 저자는 상처로 얼룩진 그들의 역사와 문화와 종교를 있는 그대로 바라보면서, 공감과 연대의 절실함을 우리에게 귀띔해줍니다. 무엇보다 발칸반도가 자신에 대하여 갖고 있는 고유의 노스탤지어는 물론, 그곳을 방문한 분들이 갖게 되는 발칸에 대한 향수도 여성 특유의 섬세함으로 놓치지 않습니다.

가이드북의 새로운 장르(?)를 개척한 이 책을 소개할 수 있는 기회가 저에게 주어져, 매우 기쁘게 생각합니다. 이 책은 발칸반도를 여행하려는 분들에게 알찬 안내서 역할을 할 것입니다. 역사와 문화 해설서로도 손색이 없는 이 책은 또한 종교적 차원에서 순례 영성으로 이끌어주는 안내자가 되기도 합니다.

인류에 대한 연민과 삶의 고뇌가 적당히 묻어나는, 담백하면서도 절제된 저자의 글은 잔잔한 파고 속에 깊은 울림을 줍니다. 역사와 문화와 종교에 대한 인문학적 성찰을 통해 길어 올린 샘물을 마시는 기분이 들기도 합니다. 심한 부담을 주지 않으면서도 부드러운 언어로 다가오는 저자의 신학적이고 영성적인 독백을 읽다보면 영혼이 맑아지는 느낌마저 듭니다.

초세기 교부들은 '그리스도인'은 천상을 향해 지상을 여행하고 시간을 걸으면서 영원을 찾아가는 '순례자(πάροικος)'라고 정의하곤 했습니다. 인간을 '영원을 향하여 시간을 걸어가는 존재'로 정의한 이 표현이 늘 마음 깊숙이 와닿습니다. 지금 여기, 길 위에 서 있는 독자 여러분, 이제 저자와 함께 발칸반도 순례여정을 시작해보시지요!

2020년 9월

이 기 락 신부

발칸유럽이라니, 발칸이란 어디에 있는 나라인가. 서유럽이나 동유럽, 북유럽까지는 익히 듣지만 발칸유럽은 여전히 낯선 곳이었다. 가장 큰 이유는 우리가 배워온 세계사가 서구, 즉 일반적으로 서유럽 중심으로 쓰였기 때문이다. 아무래도 중세 이후 세계사의 흐름이 서유럽 그리스도교 세력을 중심으로 흘러오다보니 상대적으로 동로마 쪽의, 비잔티움의, 오스만 제국과 이슬람 세력은 변방으로 밀려온 게 사실이다.

그토록 거대하고 그토록 오래 세상을 호령했던 동쪽의 두 제국(비잔티움과 오스만 제국)이 오늘날 명맥을 찾아보기 어렵게 역사의 뒤안길로 사라져버렸다는 사실 또한 발칸이라는 지역을 망각의 어둠 속으로 몰아넣고 있었다. 거기에 발칸의 운명이, 불과 30년 전에 온 세상을 소스라치게 만들었던 '유고전쟁'이라는 또 한 번의 참담한 비극 때문에 별로 기억하고 싶지 않은 곳으로 남아 있기도 했다.

그런데 마침내 발칸이 '떴다.' 정확하게 말하면 크로아티아가, 그것도 두브로브니크란 도시가 유명세를 타면서 발칸의 오랜 베일이 벗겨지고 있다. 확실히 TV의 위력은 어마어마했다. 거의 20년 전 《두브로브니크는 그날도 눈부셨다》라는 너무나 정직한 제목의 책 앞에서도 별 반향이 없었는데, 2014년 tvN의 〈꽃보다 누나〉 프로그램이 방송을 타자마자 두브로브니크를 향해 짐을 싸는 사람들이 늘어나기 시작했다.

　발칸유럽은 그렇게 눈부신 자연환경으로 우리에게 왔다. 그 자체로 기쁨과 여유를 주는 곳이지만 조금 들여다보면 동방과 서방의 경계에서 그들이 감당해온 역사가 펼쳐진다. 다양한 민족과 종교와 언어가 뒤섞여 빚어낸 문화는 아름답지만 한편으로 그 역사는 피지배와 착취의 고된 날들이었다. 주변 강대국에 휘둘리며 고통 받아온 그들의 역사가 안쓰러웠다.

　거기에 또 하나의 감정이 얹혀졌다. 동방교회에 대한 반가움과 '경건한 향수' 같은 것이었다. 처음 릴라 수도원에 갔을 때 너무 짧은 시간밖에 허락되지 않아 부랴부랴 몇 개의 성물을 샀다. 일행 중에 개신교 권사가 여럿이었고 가톨릭 신자도 있었는데 차에 오르자 그들의 시선이 내게 꽂혔다. 그중에 가톨릭 신자가 물었다. "여기서 그걸 왜 사요?" 마치 불경한 행위라도 한 듯 힐난하는 목소리였다. 좀 많이 당황했다.

성물이란 누군가는 '거룩한 잡동사니'라고 표현하는 기념품뿐일 수 있다. 그 물건이 '성물'이 되는 건 우리가 의미를 부여하며 축복을 희망하기 때문이다. 부적이 아니고 그 자체가 신앙의 대상도 아니다. 릴라 수도원을 기억하는 작은 장치, 아쉽게 떠나야 하는 짧은 만남을 더 그리워하고자 하는 마음의 표현이다. 나는 릴

라 수도원을 다시 기억하고 싶었고 불가리아와 발칸을 기억하고
자 했다. 그리고 마땅히 그 기억은 그 땅에 사는 이들, 그들이 믿
고 의지한 하느님을 향하는 것이었다. 그의 짧은 힐난은 불편하고
매서웠다. 8세기에 동방교회를 혼란에 빠뜨렸던 '성화상 파괴론
자'들이 떠올랐다.

오래전 동서방교회는 갈라졌다. 그 단절은 우리의 생각이 확장되
고 친밀해지는 데도 장애가 되고 있다. 그 단절에 대해, 그 단절이
개인에게까지 미치는 부자유에 대해 생각했다. 갈라진 세월도, 지
금 이 순간 서로를 오해하며 서로에게 무관심한 현실도 슬펐다. 거
의 1000년 동안 서로 다른 역사를 살아온 탓에 갈등의 골도 깊었
지만 제2차 바티칸 공의회는 우리가 형제임을 명확하게 천명했
다. 프란치스코 교황님은 줄곧 '무관심의 세계화'를 언급하는데
동서방교회 사이의 무관심 역시 넘어서야 할 문턱이 아닐까.

그런 얘기를 하고 싶었다. 왜 릴라 수도원에서 성물을 샀는가. 발
칸유럽은 동서방교회의 역사와 무슨 관계가 있는가. 나는 왜 발칸
유럽을 생각할 때 애틋한 심정이 되는가. 오래전 헤어진 옛사람을
만나는 심정으로 찾았던 그 땅을 좀 따뜻한 시선으로 얘기하고 싶
었다.

지금 발칸유럽은 비극적인 근현대사의 상처로부터 벗어나고 있다. 어쩌면 신생의 빛 속에서 만나는 발칸, 눈부시도록 아름다운 아드리아 해의 빛 속에서 어쩔 수 없이 맞닥뜨릴 수밖에 없는 깊고 아픈 그림자까지, 때로는 눈부시고 때로는 덩달아 우울해지는 발칸유럽 이야기를 해볼까 한다.

오랫동안 순례길에 함께 해준 분들을 기억한다. '영원을 향해 시간을 걷는' 순례자의 자세를 잊지 않게 해주신 이기락 신부님과 엠마우스 순례단은 많은 순간의 길동무가 되어주셨다. 조금씩 다른 시선으로 순례의 순간을 기억하게 해주신 김겸순 수녀님과 김정희 님의 사진도 부족함을 채워주셨다. 특별히 이영우 회장님께도 고마운 마음을 전한다. 첫 순례를 떠날 때 '후기'를 써서 나누라는 조언을 해주신 덕분에 오늘에 이르게 되었다. 회장님의 단순한 조언이 의미 있는 나비효과가 될 수 있다면 정말 좋겠다. 전하고 싶은 사랑의 말들은 침묵 중에 더 고요히 나눠가고자 한다.

2020년 9월

이 선 미

차 례_ 오래된 시간, 발칸유럽

추천의 글_ 영원을 향하여 걸어가는 발칸으로의 초대 · 005
들어가며_ 발칸유럽의 빛과 그림자 · 007

발칸의 빛, 눈부신 두브로브니크 _____ 015
　상처와 기억까지도 역사가 되다 · 015 | 여전히 빛나는 아드리아 해의
　진주 · 018 | 공공 시스템의 얼리어답터 라구사 공국 · 021 | 두브로브
　니크가 아름다운 또 하나의 이유 · 026

두브로브니크, 그리스도교의 자취 _____ 029
　오래된 전구자 14구난성인 · 030 | 두브로브니크의 수호성인 성 블라
　시오 · 032 | 이야기가 있는 두브로브니크 성당들 · 035

스플리트, 황제의 허무한 그림자 _____ 043
　그가 태어난 곳 살로나 · 043 | 디오클레티아누스의 허무한 그림
　자 · 045

스플리트에서 만난 사람들 _____ 051
　닌의 주교 그르구르 · 051 | 크로아티아의 미켈란젤로, 이반 메슈트로
　비치 · 058 | 아리마태아 사람 요셉의 피에타 · 061 | 아드리아 물빛
　속에 욥의 탄원 · 066

　더 알아보기_ 마침내 모국어 전례 · 054

슬로베니아를 아세요? _____ 071
　이젠 알까, 슬로베니아라는 나라를 · 071 | 종소리 울려퍼지는 블레
　드 · 072 | 하늘 아래 새로운 것이 없다, 포스토이나 동굴 · 078

여기서 콘스탄티누스 대제가 나다 _____ 085

세르비아를 위한 변명 _____ 089

눈부신 한때를 그리워하는 늑대의 땅 · 089 | 아무것도 없는 스타리라
스의 베드로 성당 · 094

더 알아보기 발칸유럽의 동방교회 · 098

세르비아 정교회 수도원에 가다 _____ 103

'일곱 왕의 도시' 크랄례보 · 104 | 세르비아 사람들의 고향 같은 지차
수도원 · 106 | 세르비아의 종묘 스투데니차 수도원 · 111 | 거칠지만
영원이 느껴지는 소포차니 수도원 · 118

벨그라드, 하얀 상흔 _____ 123

죽어서도 살아 있는 성 사바 · 123 | 니콜라 테슬라는 어디에 묻혀야
할까 · 127 | 기억의 공간 사보르나 대성당 · 128

검은 산의 땅, 몬테네그로 _____ 133

어디로든 갈 수 있지만 꼼짝없이 갇힐 수도 있는 코토르의 미로·135 |
페라스트의 두 개 섬 · 139 | 또 다른 사랑의 섬 · 143 | 그 성인 레오
폴도 만딕 · 147

새로 태어나고 있는 마케도니아 스코페 _____ 157

미소 뒤 어둔 밤까지도, 마더 데레사 · 157 | 프로젝트로 몸살을 앓고
있는 도시 · 164 | 동방시장의 거룩한 구세주 승천 교회 · 168 | 자신
이 아는 것, 믿는 것, 희망하는 것 · 171

마케도니아 땅 오흐리드 _____ 173

조금은 낯선 동방가톨릭교회 · 173 | 그 아름답고 오래된 언덕 · 175 |
슬라브 문자를 만든 키릴과 메토디오 형제 · 186

곳곳에 남아 있는 사라예보의 장미들 _____ 191

제1차 세계대전의 도화선이 된 라틴 다리에 서다 · 191 | 또 한 번의
비극 · 195 | 사라예보의 첼리스트와 어여쁜 소녀 사라 · 197

'유럽의 예루살렘'이었다는 이 도시 사라예보 ————————— 203
    모스크, 동서방교회, 회당 들이 한데 있는 · 203 | 평화와 공존을 꿈꾸
    던 도시의 자취 · 205

보스니아, 세 개의 다리 ————————————————— 215
    오래된 다리 스타리 모스트 · 216 | 참담한 역사의 증인이 된 드리나
    강의 다리 · 221

메주고리예, 때로는 '기적'을 알아듣고 싶기도 하다 ————————— 227
    보스니아에 성모마리아가 발현하다니 · 227 | 한여름이 아니어서 · 232 |
    십자가로부터 평화를 · 233

불가리아 사람들의 성소 ————————————————— 237
    문이 열릴 때마다 탄성이 터져나오던 보야나 성당 · 238 | 불가리아
    의 고된 역사가 릴라 수도원의 역사 · 241 | 수도원 역시 사람 사는 세
    상 · 251

    더 알아보기_ 성화상 논쟁 · 242

이름도 어여쁜 불가리아의 수도 ————————————————— 259
    거룩한 지혜 소피아 · 259 | 세르디카의 자취 · 261 | 역사와 함께한
    소피아의 교회들 · 262

플리트비체 그 푸른 물소리 ————————————————— 269

무수한 이야기, 자그레브 ————————————————— 275
    자그레브의 니콜라 테슬라 · 276 | 점등인이 사는 마을 · 278 | 자그레
    브 대주교 스테피나츠 · 282 | 주님, 당신을 믿습니다 · 285

참고자료 · 289
나가며_ 점등인의 도시에서 · 291

스르지 산 아래 자리했던 라구사 공국, 오늘의 두브로브니크 시가.

발칸의 빛,
눈부신 두브로브니크

상처와 기억까지도 역사가 되다

발칸유럽의 베일이 벗겨지고 있다고 했지만 그 시발점이 된 크로아티아는 사실 전형적인 발칸유럽의 이미지와는 겹치지 않는다. 슬로베니아와 함께 가톨릭 국가로 분류될 정도로 오래전부터 서유럽의 영향을 많이 받았기 때문이다. 그렇다고 크로아티아가 발칸유럽이 겪은 상처와 무관한 것은 아니다. 크로아티아는 세르비아, 슬로베니아 등과 함께 슬라브 민족의 나라를 운영한 적도 있고 그 때문에 전쟁을 겪기도 했다. 불과 30년도 채 되지 않은 일이다.

제2차 세계대전 중이던 1941년 독일은 크로아티아를 점령하고 파시스트 국가인 크로아티아 독립국을 세웠다. 안테 파벨리치(Ante Pavelić)는 크로아티아 극우 민족주의 단체 우스타샤(Ustaša)의 지도자로 약 70만 명의 세르비아인과 유다인, 집시를 학살했다. 크로아티아는 전통적으로 가톨릭 신자가 많았지만 크라지나 지역에는 세르비아 정교인들이 많이 살고 있었다. 이들은 오스만 제국 시절 종교박해를 피해 흘러들어온 사람들이었다. 우스타샤는 세르비아인을 학살했고, 그 보복으로 세르비아 무장조직 체트

사람들을 한눈에 매혹시키는 두브로브니크 항구. 수백 년 동안 베네치아와 쌍벽을 이루며 번영한 라구사 공국의 항구에는 수없는 배들이 드나들었다. 배들이 좋은 것만 가져오는 건 아니어서 페스트가 창궐할 당시에는 처음으로 격리병원이 세워지기도 했다. 저 아래 어디쯤에서 격리병원 라자레토의 자취도 찾을 수 있다.

니크 역시 폭력을 멈추지 않았다.

전쟁이 끝나자 파르티잔 출신인 티토가 크로아티아, 세르비아, 보스니아 헤르체고비나, 마케도니아, 몬테네그로, 슬로베니아 등 여섯 개 공화국으로 이루어진 '유고슬라비아 사회주의연방공화국(유고연방)'을 만들었다. 유고슬라비아는 '남(南) 슬라브인들의 땅'이라는 뜻이었다. 학살의 가해자와 피해자들이 같은 하늘 아래 살게 된 것이다. 이래저래 불안한 공존이었다. 더욱이 경제적 사정이 한결 좋았던 크로아티아는 연방에 더 많은 권리를 요구해 세르비아와 갈등을 겪곤 했다.

1980년 티토가 세상을 떠나자 물밑에 가라앉아 있던 각 공화국의 목소리가 터져 나오기 시작했다. 세르비아는 코소보 알바니아인에 대한 폭정으로 연방을 지배하고자 한다는 의혹을 키웠고, 1990년 선거에서 승리한 크로아티아의 투지만은 세르비아인의 권리를 제한하는 헌법을 제정했다. 1991년 크로아티아가 연방으로부터 독립을 선언하자 크라지나 지역에서는 이를 반대하며 크라지나-세르비아 공화국을 선포했다. 1989년 '대 세르비아주의'를 주창하며 세르비아 사회주의공화국 초대대통령이 되었던 슬로보단 밀로셰비치가 결국 크로아티아의 세르비아인을 보호한다는 명목으로 공격을 개시했다. 몬테네그로가 이에 동조하고 있었다.

이전부터 관광지였던 두브로브니크는 따로 조직된 군대도 없었다. 그런데 몬테네그로에서 두브로브니크가 곧 자신들을 공격할 것이라는 유언비어를 퍼뜨렸다. 세르비아와 몬테네그로 군으로 구성된 유고연방군이 공중 폭격으로 수도와 전기 공급을 끊고 방송통신 기지국을 폭파했다. 유네스코 문화유산으로 지정된 오노프리오 분수와 수도원들도 피해를 입었다. 1991년 12월에는 지상군이 투입되어 도시 곳곳이 무너지고 문화유산들이 부서지는 불바다가 되었다. 2000개 이상의 수류탄이 투하된 날도 있었다고 한다. 두브로브니크 역사상 이렇게 참혹한 순간은 없었다. 해를 넘기자 두브로브니크 군은 더 이상 밀리지 않았다. 그리고 세계 각국의 관심도 커져 갔다.

특히 프랑스 작가 장 도르메송(Jean d'Ormesson)은 '두브로브니크 인간 방패'를 제안해 직접 나서기까지 했다. 처음에는 낙하산을 타고 두브로브니크 도심으로 뛰어내리자고 했지만 그건 불가능한 일이었다. 결국 그는 10월의 어느 날 13명의 아카데미 프랑세즈 회원들과 배를 타고 두브로브니크 해안에 닿았다. 하지만 해안을 방어하는 세르비아 연방군의 총구 앞에 눈물을 감추며 돌아설 수밖에 없었다. 이 소식이 전 세계로 퍼져나갔다. "만약 두브로브니크가 공습으로 파괴된다면 이런 가증스러운 범죄를 막지 못한 유럽은 더 이상 대접을 받을 수 없을 겁니다."라며 관심을 촉구하는 장 도르메송의 호소도 더 힘을 얻었다. 유네스코는 유고연방에 두브로브니크 폭격을 중지하라고 호소했고, 다른 서방 국가들도 나름의 정치적 압력을 행사했다.

마침내 1992년 유고 정부는 크로아티아의 독립을 승인했다. 하지만 크로아티아 내 세르비아계 지원은 계속되어 수도 자그레브를 비롯해 두브로브니크와 플리트비체 호수공원 등이 폭격으로 큰 피해를 입었다. 1995년 12월 데이튼 협정으로 전쟁은 종지부를 찍었다. 4년 동안 계속된 전쟁으로 약 2만 명이 목숨을 잃었고 약 25만 명의 난민이 생겼다.

역설적으로 두브로브니크는 전쟁 때문에 유명해졌다. 그리고 더 역설적으로 두브로브니크는 상처 속에서도 완전히 파괴되지 않는 것들에 대해 증거하고 있다. 그 상처와 기억까지도 모두 이 도시를 형성하는 역사의 한 부분이다. 두브로브니크가 여전히 아름다운 이유 가운데 하나다.

여전히 빛나는 아드리아 해의 진주

장 도르메송과 유럽의 지성인들은 에밀 졸라가 드레퓌스 대위를 보호한 것처럼 두브로브니크를 지켜야 한다고 나섰다. 세상에는 오래된 도시도 많고 아름다운 곳도 많지만 위기에 처했을 때 그 도시를 지키기 위해 항상 누군가가 방패 역할을 자처하지는 않는다. 그들은 왜 유독 두브로브니크를 챙겼던 것일까.

1929년 두브로브니크를 찾았던 버나드 쇼는 "지상에서 천국을 맛보려면 두브로브니크로 오라."고 권했다. 그가 발견한 천국이

성곽에서 내려다보는 스트라둔 대로. 필레 문 쪽에서 플로체 문 방향으로 왼쪽 종탑 건물은 프란치스코 수도원 성당이다.

어떤 모습이었는지 모르지만, 조지 고든 바이런이 '아드리아 해의 진주'라는 애칭으로 부르고, 로버트 카플란이 '영광스러운 불사조 도시 두브로브니크'라고 쓴 것이 비단 아름다운 자연 환경 때문만은 아니었을지도 모르겠다.

"역사상 두브로브니크는 자유와 독립, 그리고 포용력 있는 시민 정신의 상징이었으며 무기에 의존해야 했던 적은 한 번도 없었다."고 평하는 기록들을 봐서도 그렇다. 심지어 이 도시는 '세계의 보물(Thesaurum mundi)'이란 뜻의 라틴어 별명도 가지고 있다.

어느 도시든 어디선가 누군가 흘러들어와 형성된 것처럼 이곳에도 첫 주민들에 대한 이야기가 전해지고 있다. 오래전 북쪽 스르지 산 기슭에 슬라브인들이 사는 마을이 있었다. 그들이 마을 경계에 떡갈나무 울타리를 둘러서 '두브라바'라는 이름으로 불렸다. 614년경에는 20킬로미터 정도 떨어진 지금의 차브타트 사람들이 마을 앞 작은 섬으로 이주해왔다. 기원전 6세기에는 에피다우로스라는 그리스 도시였다가 다시 에피다우룸이라는 이름의 로마도시였던 이곳에 슬라브인들이 쳐들어와 도시가 파괴되자, 살아남은 주민들이 이 작은 섬에 터를 잡은 것이다. 그들은 자신들의 새로운 정착지를 '라구사'라고 불렀다. 이에 관한 기록은 비잔티움 제국 황제 콘스탄티누스 7세의 저서 《제국의 행정에 관하여》에 전해온다.

두브라바 마을의 슬라브인들과 이주해온 로마 시민들 사이에는 가로놓인 바다처럼 불화의 늪이 있었다. 그들은 서로를 적대시했다. 마을의 이름 또한 그들의 정체성을 드러내고 있었다. 라구사는 '바위(Lausa)'를 뜻하는 라틴어에서, 두브라바는 '털가시나무 숲(Dubrava)'이라는 뜻의 슬라브어에서 비롯되었다. 그런데 시간이 흐르면서 두 마을이 하나가 되어 갔다. 그들은 돌을 던져 바다를 메우기 시작했다. 러시아 제국의 표트르 대제가 늪지대에 상트 페테르부르크를 건설하면서 도시에 들어오는 모든 사람에게 돌을 통행세로 받은 것처럼 이 마을 주민들도 오며가며 돌을 바다에 던졌다. 땅이 이어지면서 사람들의 마음도 열리기 시작했다.

그렇게 그들은 이웃이 되었다. 그들이 메운 바다가 지금 구시가의 스트라둔 대로라고 한다. 고고학적으로는 그보다 더 오래전의 흔적이 발견되었다고 하지만 이렇게 훈훈한 이야기가 전해지는 것도 좋았다. 한때 적이었던 시간을 잊고 합해졌다는 이야기를 들으니 마음에 봄바람이 불었다. 이런 일도 있구나.

공공 시스템의 얼리어답터 라구사 공국

이렇게 시작된 라구사 공국은 주변 국가들이 바다를 항해하면서 반드시 거쳐야 하는 항구가 되었다. 라구사 공국 사람들은 정직과 자유를 모토로 삼았고 허세를 부리는 일이 없었다고 한다. 스트라둔 대로의 끝 루자 광장에 서 있는 올란도 조각상도 그들의 정직을 은유하는 조형물이다.

블라시오 성당을 돌아 대성당 쪽으로 남아 있는 렉터 궁전 입구에는 'Obliti privatorum publica curate(개인은 잊고 공공을 위해 고민하라)'라는 문구가 적혀 있는데, 렉터 제도는 타락하기 쉬운 권력을 견제하고, 최선의 통치를 하기 위한 독특한 시스템이었다. 최고통치자로서 선출직이었던 렉터의 임기는 딱 한 달이었다. 그동안 렉터는 집을 떠나 렉터궁에 머물며 직무를 수행했다. 말이 그렇지 따지고 보면 궁에 갇히는 것이나 마찬가지였다. 과거에는 매일 밤 관리인이 시가로 들어오는 필레 문과 플로체 문을 잠그고 렉터에게 열쇠를 반납했다. 그리고 아침이면 다시 열쇠를 받아 문을 열었다. 명예로운 임무였지만 여러 번 렉터에 뽑혔던 사람들의 불평을 들으면 그다지 할 만한 일은 아니었던 것 같다. 그들은 집무실이 '금박을 입힌 감옥'과 진배없다고 고충을 털어놓곤 했다고 한다.

이런 제도는 1272년부터 규정된 라구사 공국의 조례에 의한 것이었다. 당시 라구사는 1204년 제4차 십자군 이후 라틴 제국이 세워지면서 약 150년 동안 지속된 베네치아의 영향권에 있었다. 그들은 법에 의해 도시를 통치했다. 무엇보다 이 도시는 시민들의 삶을 안전하고 풍요롭게 유지하면서도 누군가를 지배하기 위해 자신들의 힘을 사용한 적이 없었다고 전해진다. 9세기부터 선박을 만들었던 라구사 공국은 16세기에 이르자 거의 200척의 선박을 보유했고 뛰어난 외교력으로 베네치아와 쌍벽을 이룰 만큼 해양 무역의 선두주자가 되었다. 1588년 스페인군과 영국군의 함선이 맞붙었을 때 무적의 스페인 함대 가운데서 가장 주목을 받은 배가 중무장한 라구사의 세인트 존(Sveti Ivan)이었다고도 한다.

렉터 제도 등으로 드러나는 것처럼 이 도시에서 권력자는 정의롭고 겸허했다. 무엇보다 사욕을 부리지 않고 도시의 시스템을 구축했다. 어느 도시보다 공공시설이 일찍 들어선 것도 그런 맥락이었다. 말하자면 이 도시는 공공 시스템의 얼리어답터였다. 그들은 무역으로 확보한 부로 최대한 시민들의 삶을 뒷받침했다. 가장 중요한 것은 시민들의 건강이었다.

1377년에는 유럽에서 가장 먼저 검역소가 만들어졌다. 페스트가 창궐하던 때였다. 베네치아와 맞먹을 만큼 번성했던 두브로브니크에도 무수한 선박들이 드나들었기 때문에 도시는 위험지역을 거쳐온 선박을 외곽의 섬에 격리해 30일이 지난 후 문제가 없으면 입항을 허가했다. 이후 격리 기간은 40일(quarantina)로 늘어

두브로브니크에는 두 개의 오노프리오 샘 혹은 분수가 있다. 필레 문에서 들어서는 프란치스코 수도원 앞 광장의 큰 샘(사진_김정희 마리엠마)과 루자 광장 쪽의 작은 샘. 상수도는 24시간 모든 사람에게 차별 없이 공급되었다. 빈부귀천. 그런 건 따지지 않았다. 다만 유다인들의 우물은 따로 있었다고 한다.

났다. 코로나19 감염사태로 우리에게도 익숙하게 된 '검역, 격리'라는 뜻의 단어 '쿼런틴(quarantine)'이 바로 여기에서 생겨났다. 여러 군데 옮기긴 했지만 지금도 플로체 문 밖 해안에 여전히 오래전 검역소와 격리병원 라자레토(lazaretto)의 자취가 남아 있다.

이 도시의 미덕은 오노프리오 샘에도 담겨 있다. 시는 1436년 뒷산인 스르지 산에서 흐르는 물을 이용해 상수도 시설을 정비하면서 도시 안에 두 개의 샘을 마련했다. 물은 24시간 모든 사람에게 차별없이 공급되었다. 프란치스코 수도원 앞에 있는 파스코야 밀리체비차 광장의 큰 샘은 16개의 얼굴 모양 조각에서 물이 나온다. 1667년 대지진으로 화려했던 장식이 많이 손상된 데다 유고전쟁 때도 수류탄 두 개가 터져 처음의 모습을 많이 잃었다고 한다. 스트라둔 거리가 끝나는 루자 광장 쪽에 있는 작은 샘은 중세에 그리스도인들에게 종교적 의미를 지니기도 했다. 작은 오노프리오 샘으로 흐르는 물은 렉터 궁전과 라자레토에도 공급되었다.

1272년 법령에는 화재 예방과 소방에 대한 법규도 남아 있는데 부엌은 항상 집의 꼭대기에 세워야 하고, 음주가 화재로 이어질 수도 있기 때문에 목조주택에 사는 사람들은 와인을 보관할 수 없도록 했다. 반면에 돌로 지은 집에서는 문제가 없었다. 1432년, 글라라수녀회 수도자들이 아이들을 돌보면서 유럽 최초의 고아원이 생겼다. 15세기에 의료 체제와 무상 공교육이 시행되었고, 노예무역과 고문도 이 공화국에서 사라졌다.

무엇보다 이 도시는 추방당한 자들의 흔적도 가지고 있다. 오스만 제국 시절에는 1389년 코소보 전투에서 패한 세르비아 왕족도 찾아들었다. 오스만 제국이 이에 항의하자 라구사 공국은 반대 상황이었다고 해도 똑같이 대응했을 거라고 응수했다.

특히 1492년 레콩키스타의 마지막 순간 스페인 등지에서 추방된 유다인들이 많이 유입되었다. 두브로브니크 구시가에는 이 세파르딤(스페인계 유다인)들의 오래된 시나고그가 있는데 지금까지도 종교적 기능을 하는 회당으로는 유럽에서 두번째로 오래된 곳이라고 한다. 물론 라구사 공국이 서방교회 영향권에 있었기 때문에 유다인들은 여기서도 완벽하게 편안하지는 못했다. 그러나 그들은 자신들만의 구역에서 살며 라구사 시민들과 동등한 권리를 행사했다. 그들이 무역활동에 큰 도움이 되었으므로 서로에게 유익한 공존이었다.

라구사 공국은 1667년 거의 열흘이나 지속된 지진과 화재로 8000명의 시민 가운데 5000명이 죽고 거의 모든 건물이 폐허가 된 후 헝가리의 지배, 오스만 제국의 위협 속에 더는 화려한 옛 명성을 되찾지 못했다. 거기에 1808년 나폴레옹 군대가 들이닥쳐 600년 이어온 아름다운 도시국가가 역사의 뒤안길로 사라지고 말았

두브로브니크 성곽을 걸으며 만나게 되는 풍경. 여전히 파괴된 흔적 위에 사람들의 일상이 이어지고 있다.

다. 제1차 세계대전에서 오스트리아 제국이 패한 후 라구사가 속한 크로아티아와 슬로베니아, 세르비아는 유고 왕국으로 새로운 국가를 형성했다. 이때 라구사는 슬라브어에서 비롯된 두브로브니크라는 이름을 얻었다.

두브로브니크가 아름다운 또 하나의 이유

눈부신 오후였다. 약 2킬로미터 정도 이어지는 성곽에 오르니 사방으로 환히 열린 아드리아 해와 구시가의 정경이 그야말로 그림 같았다. 하지만 성 안 마을에는 폭격으로 부서진 흔적들이 여전히 남아 있고, 조금씩 서로 다른 건물의 붉은 지붕 역시 그날들의 상흔이었다. '상처 없는 영혼이 어디 있으랴'라고들 하지만 상처 없는 도시 또한 어디 있으랴. 그러나 그 어떤 공격이나 재해보다 참

프란치스코 수도원 성당은 13세기 혹은 14세기에 지었다가 1667년 지진으로 무너져 남쪽 입구에만 옛 모습이 조금 남아 있다. 지금 성당으로 들어서는 문 위쪽에 새겨진 조각은 1498년 레오나르도와 페타르 페트로비치 형제가 만든 것으로 피에타의 성모자를 가운데 두고 성 예로니모(제롬)와 세례자 요한이 서 있다. (사진_김겸순 테레시타 수녀)

담했던 것은 유고전쟁의 흔적이었다. 1667년 지진이 여전히 흉터처럼 남은 프란치스코 수도원부터, 성 블라시오 성당과 렉터 궁전 등에도 세르비아 민병대의 포격이 치유되지 않은 흔적을 남기고 있었다.

발아래 펼쳐지는 지붕에 자꾸 시선이 멈췄다. 조금씩 서로 다른 기와의 붉은색이 도시의 상처를 증거하고 있었다. 옛 기억과 복원된 흔적이 뒤섞였다. 지붕의 붉은 바다는 상처였다. 오랜 시간이 흘린 피, 깨지고 무너지고 다친 상처에서 새로 돋은 연한 살, 몇 겹의 상처, 몇 겹의 고통. 그럼에도 영원히 피 철철 흘리는 상처는 없다. '세월이 약'이라는 훌륭한 조언이 있는 것처럼 시간이 지나면 피는 멎고 상처도 아물 수 있다. 문제는 언제나 의지다. 사회도 공동체도 구성원의 의지로 작동한다. 두브로브니크 주민들은 상처로부터 부활하곤 했다. 바이런이 이 도시를 '아드리아 해의 진주'라고 부른 이유를 조금 알 것도 같았다.

무심한 햇살 속에 빨래가 평온하게 말라가고 있었다. 그렇게 거기 사람이 살았다. 강대국의 틈바구니에서 생존을 고민하기도 하고, 때로는 지진이나 외침(外侵)으로 무너지고 다치고 죽기도 하면서. 그러나 그들은 공동선(共同善)을 염두에 두었고, 자유를 귀하게 여겼다.

두브로브니크의 작가 이반 군둘리치(Ivan Franov Gundulić)도 "신은 우리에게 세상의 보물인 자유를 주었다. 자유만이 두브로브니크를 빛내는 유일한 장식이다. 세상의 모든 금을 주어도 아름답게 빛나는 자유와 바꾸지 않는다."라고 말했다. '세상의 모든 금을 준다고 해도 자유와는 바꾸지 않겠다.'라는 것은 라구사 공국의 모토이기도 했다. 그들은 자유를 위해서는 자신들이 가진 금을 깃털처럼 가벼이 여겼다. 실제로 라구사 공국은 오스만 제국만이 아니라 헝가리나 베네치아에도 조공을 바치고 자유를 보장받아 왔다. 1418년 노예 거래를 폐지하면서 그들은 '자유'를 자신들의 상징으로 채택했다.

　무수한 사람들이 찬탄의 기록을 남긴 두브로브니크 성벽을 걷는 일은 기꺼이 눈앞에 펼쳐진 아름다움에 젖어드는 일이다. 그리고 그 아름다움을 감당하며 존재하는 그 순간에 대해 기억하는 일이다. 두브로브니크에는 트루바두르와 함께하는 투어가 있다고 한다. 투어를 홍보하는 글은 이렇게 이어졌다.

　　……그림 같은 두브로브니크 구시가의 골목을 걸을 때 가이드는 자신이 태어나고 자란 마을을 왜 그렇게 좋아하는지 들려줄 거예요. 물론 로마네스크 양식부터 바로크 시대까지 다양한 건축 양식을 볼 수도 있고, 함락되지 않은 강력한 성벽에 대한 얘길 들으며 라구사 공국의 찬란했던 한때와 눈부신 외교에 대해서도 배울 수 있습니다.
　　무엇보다 베네치아와 오스만 제국 등 거대한 세력으로 둘러싸인 채 수세기 동안 이 도시가 누렸던 평화와 번영에 대한 이야기를 듣게 되겠죠. 그것은 두브로브니크의 지혜와 아름다움, 조화, 사랑과 자유에 대한 이야기이며, 사람들은 매혹적인 기타의 선율에 이야기를 담아 오늘까지 전하고 있답니다. 두브로브니크의 언어를 듣고 향기를 맡고 맛을 보세요. 중요한 것은 때로 눈에 보이지 않잖아요?

두브로브니크,
그리스도교의 자취

두브로브니크 구시가로 들어서는 필레 문 벽감에는 작은 조각상이 오가는 여행자들을 내려다보고 있다. 성으로 들어가는 성곽의 벽에도, 스트라둔 대로의 반대쪽 성문인 플로체 문에도, 이 작은 도시의 곳곳에서 만나게 되는 그는 두브로브니크 모형을 손에 들고 서 있는 도시의 수호성인 성 블라시오다.

지금이야 '보이지 않는 신을 믿느니 나 자신을 믿겠다'는 용맹무쌍한 사람도 흔한 세상이지만, 우리가 '중세'라고 부르는 시대에는 그 '눈에 보이지 않는 존재'가 삶을 지탱해주는 모든 것이었다. 사람들은 창조주 하느님으로부터 세상이 비롯되었다고 믿었고, 우리가 살아가는 힘겨운 나날 동안 우리를 도와주고 우리를 위해 기도해주는 존재도 있다고 믿었다. 그리스도교 경전인 《구약성경》에는 사람을 도와주는 대천사들이 나오는데, 보이지 않는 존재인 천사만이 아니라 사람들 중에도 그런 존재가 있었다. 그들이 바로 거룩한 사람들, 즉 성인들이었다.

그리스도인들은 교회가 생긴 초기부터 순교자들을 성인으로 공경하며 그들에게 우리를 위해 빌어줄 것을 청했다. 세상을 떠나 천상에 머무는 그들에게 이 세상을 살아가는 힘겨운 날들의 힘이 되어주기를 부탁한 것이다. 그들은 지상을 살아가고 있는 우리와 이미 하늘에서 영원한 안식을 누리는 이들이 서로를 위해 기도해 주며 같은 공동체를 이룬다고 믿었다. 그리스도인들이 믿음을 고백하는 〈사도신경〉에도 '성인의 통공을 믿는다'는 내용이 명시되어 있다.

오래된 전구자 14구난성인

특히 독일 지역에서는 그 많은 성인들 가운데 '14성인'에 대한 공경이 무척 컸다고 한다. 14명의 전구자(傳求者, 우리를 대신해 하느님께 기도해주는 사람)에 대한 공경은 14세기 라인란트 지방에서부

두브로브니크에서는 두 개의 문은 물론이고 스폰자 궁전을 비롯한 곳곳에서 도시의 수호성인 성 블라시오를 만날 수 있다. 렉터 궁의 가장 중요한 전시물 가운데 하나도 이반 듀크노빅의 성 블라시오 상이다. (사진_김겸순 테레시타 수녀)

터 퍼진 것으로 보이는데 아마도 유럽을 강타했던 흑사병의 공포와 불행 때문이었을 것이다. 사람들은 창궐하는 전염병만이 아니라 일상에서 만나게 되는 질병과 고통에서도 성인들에게 전구했다. 예를 들어 두통이 올 때는 성 아가티오와 디오니시오에게, 갑작스러운 죽음을 당하는 이를 위해서는 성녀 바르바라에게, 결핵 환자는 성 판텔레이온에게 기도를 청했다. 독특하게 가족 간에 불화를 겪을 때도 도움을 구했는데 그때는 성 에우스타키오를 불렀다.

1772년에는 독일 밤베르크 근교에 14성인을 기념하는 성당이 새로 지어지기도 했다. 이 성인들은 종종 대성당 제단화에도 함께 그려지곤 했는데, 사람들의 일상 가까이에도 늘 함께 있었던 모양이다. 엥겔베르트 훔페르딩크(Engelbert Humperdinck)의 동화 오페라 〈헨젤과 그레텔〉에서 아이들은 독일의 오래된 저녁기도를 부르고 있다.

⋯⋯저녁나절, 잠자리에 들면 열넷의 천사가 나를 지켜주네.
둘은 내 머리맡을, 둘은 내 발쪽에
둘은 오른손, 또 둘은 왼손,
둘은 아침이면 나를 깨워주고
마지막 둘은 하늘나라의 낙원으로 향하는 길을
나에게 일러준다네.

의료기술이 열악하고 자연재해의 원인도 제대로 규명하지 못하던 세상에서, 간절한 마음으로 성인들에게 도움을 구하던 행위를 지금의 잣대로 판단하는 것은 어려운 일이다. 물론 지금도 사람들은 의학과 과학으로 해결하지 못하는 문제들 앞에서 누군가에게, 무언가에 의지하게 된다. 특히 크리스토포르 같은 성인은

14구난성인. 일반적으로 블라시오, 디오니시오, 에라스무스, 판텔레이온, 비투스, 시라쿠스, 크리스토포르, 아가티오, 에우스타키오, 에디지오, 조지, 바르바라, 카타리나, 마르가르타를 포함하지만 지역과 시기에 따라 다르기도 하다. (독일 Dobl Castle)

당시 사람들의 힘든 삶을 함께 걸어주는 안내자이자 인도자였다.

두브로브니크의 수호성인 성 블라시오

'목병의 수호성인'으로 불리는 두브로브니크의 블라시오 또한 14성인에 포함되어 있다. 316년경에 아르메니아 세바스테에서 순교한 그가 어떻게 두브로브니크의 수호성인이 되었는지도 흥미로운 일이다.

　11세기 초에 두브로브니크는 베네치아와 첨예한 대립 상태였다. 서로가 긴장을 하며 경계하고 있던 어느 날 두브로브니크에 사는 스토이코(Stojko)라는 사제의 꿈에 블라시오가 나타나 임박한 베네치아의 공격을 알려주었다. 시민들은 논의 끝에 마음을 모아 3개월 만에 서쪽 성벽 밖 절벽 위에 로브리예나츠 요새를 세웠다. 이 요새에서는 필레 문으로 접근하는 적을 감시할 수 있을 뿐 아니라 남쪽 바다도 경계할 수 있었다. 예언처럼 베네치아 군대가 도착했을 때 요새는 이미 완성되어 있었다.

로브리예나츠 요새가 기록에 등장하는 건 13세기경의 문서지만 학자들은 성을 방어하기 위해 그보다 훨씬 전인 11세기에 축조되었으리라고 주장하고 있다. 요새로 향하는 가파른 계단을 올라 꼭대기에 올라서면 한쪽 성벽에 'Non bene pro toto libertas venditur auro(세상의 모든 보물을 다 준다고 해도 자유와는 바꿀 수 없다)'라고 쓰여 있는데, 이 문장은 라구사 공국의 모토였다. 자유라니, 그 시대에 이토록 자유를 찾다니. 이 도시는 아무래도 꽤 독특한 곳이었다.

두브로브니크 사람들에게 블라시오는 언제나 어디서나 도움이 필요할 때마다 찾는 존재였다. 이 도시의 1272년 옛 법령집이나 1352년의 《공화국의 서(書)》에도 블라시오를 찾는 기도문이 남아 있다.

"주님과 영광스러운 동정녀 마리아, 그리고 우리의 변론자이자 위대한 순례자, 자비로운 보호자, 빛나는 도시 두브로브니크의 관리자 성 블라시오의 이름으로!"

벌써 1000년 전부터 해마다 2월이 오면 두브로브니크는 축제 준비로 들썩였다. 축제 전날 밤 도시의 모든 교회가 일제히 종을 울리고 하얀색 비둘기들이 날아오르면 시민들은 목과 관련된 질병을 치유하는 의식에 참여하러 성당에 모였다. 성 블라시오의 축일이자 '두브로브니크 시의 날'이기도 한 2월 3일, 축제는 민속의

성 블라시오의 경고로 만들었다는 로브리예나츠(로렌스) 요새는 난공불락으로 알려져 있다. 지금은 웨딩마치 장소로도 유명해진 이 요새에서는 여름 축제 기간에 연극이 펼쳐지는데, 다니엘 데이 루이스도 여기서 연기를 했다고 한다. 아찔한 다이빙 장소로도 알려져 있어서 호기로운 이들이 여성의 마음을 얻기 위해 다이빙을 시도하다 큰일이 난 적도 있다고 한다. 사랑을 얻는 것도 좋지만 위험을 피하는 일은 더 중요하다.

아래 사진은 성벽 가장 북쪽에 있는 민체타 요새에서 내려다본 두브로브니크 정경이다. 바다와 도시를 한눈에 내려다볼 수 있어서 그림 같은 사진을 얻을 수 있는 곳이다.

상을 차려입은 각 교구기수들을 선두로 주교와 유력인사, 대사와 시민들이 함께하는 행렬로 절정에 달한다. 행렬을 이끄는 성직자들은 성유물함을 통해 성스러운 힘을 전달하고, 두브로브니크 시민만이 아니라 전통을 존중하고 자신들이 누리는 자유와 평화에 경의를 표하는 모든 사람이 뒤를 따른다. 블라시오 축제는 수호성인과 도시와 시민이 온전히 하나가 되는 뿌리 깊은 전통으로 그 역사적 상징을 인정받아 1979년 유네스코 세계유산에 등재되었다.

축제 때 스트라둔 대로 끝 루자 광장에 있는 성 블라시오 성당에서는 두 개의 초에 불을 켜고 십자가를 그리며 목을 축복하는 예식을 거행하곤 했다. 이는 블라시오가 목에 생선 가시가 걸려 죽게 된 소년을 살려낸 치유를 기억하며 목에 축복을 받는 풍습이었다.

"성 블라시오여, 하느님께서 우리의 목의 통증과 다른 불행들을 덜어주시기를 함께 빌어주소서. 아멘."

이야기가 있는 두브로브니크 성당들

두브로브니크 구시가지는 양쪽 성문(서쪽의 필레 문과 동쪽의 플로체 문)을 이어주는 플라차 거리(스트라둔 대로)를 한가운데 두고 형성되어 있다. 스트라둔 대로의 초입에 나란히 붙어 있는 성당들을 보노라면 역사의 어떤 순간들이 떠오르게 된다. 어떤 수도원 성당에 들어가고 어떤 성인을 기억해보는 것 자체가 오래된 도시를 순례하는 일이다. 수많은 전설 같은 이야기들, 때로는 '믿거나 말거나' 류의 이야기까지도 도시 곳곳에서 흘러나온다. 그 숱한 이야기들 자체가 도시의 기억이다. 그 기억 안에서 사람들이 힘을 얻고 기쁨도 찾으며 살아온 것이다. 두브로브니크 역시 마찬가지다. 아시시의 프란치스코가 정말 여기 왔었던가? 십자군 원정 때 사자왕 리처드가 정말 위험한 상황에서 표류하다 이 섬까지 흘러온 것일까? 성 블라시오는 어떻게 생면부지의 섬 두브로브니크의 수호성인이 되었을까?

2000년 역사를 살아온 가톨릭교회는 종종 위기를 맞곤 했다. 가장 강력한 교황 가운데 한 명으로 평가받는 인노첸시오 3세 때 교회는 심각할 정도로 세속화되어 있었다. 그때 사방에서 교회가 태어나던 초기의 복음적 생활로 돌아가려는 움직임이 있었는데, 오늘날 '평화의 사도'라고 불리는 아시시의 성 프란치스코도 그중 한 사람이었다.

프란치스코는 교회와 세상을 뒤흔들었다. 특별히 말을 잘 한 것도 아니고 대단히 아름다운 외모를 가진 것도 아니었던 그 청년은 그냥 예수님의 가르침대로 '살았다.' 그가 가장 먼저 한 일은 "나를 따르려면 가진 것 모두를 팔아 가난한 이들에게 나눠주고 오라."는 성경의 가르침을 따라, 입고 있던 옷마저 아버지에게 다 돌려주고 알몸으로 세속을 떠난 것이었다.

프란치스코는 사람들이 덧씌운 것들을 다 벗겨내고 그냥 예수님이 가르친 그대로 복음을 전하며 살았다. 말이야 쉬운 일이지만 그것은 '미친' 사람의 꼴이었다. 그런데 그런 프란치스코 때문에 사람들은 당황하고 깨닫고 마음을 고쳐먹었다. 보통 사람들만이 아니라 교황도 마찬가지였다. 너무나 초라한 프란치스코를 보고 대수롭지 않다고 여겼던 교황조차 프란치스코가 살아가려는 길이 교회를 살리는 유일한 방법이라는 걸 알아차리고 그들의 공동체인 '작은형제회'를 축복했다. 그를 따르는 사람들이 이 도시에도 살았다.

13세기에 지어진 프란치스코 수도원은 두브로브니크에서 장서

아마도 세르비아 정교회 성당에 들렀다가 걷던 골목이었을 거다. 좁은 골목 유리창 너머 작은 성당에서 미사가 거행되고 있었다. 한 사제와 한 수녀. 조금 떨어져 위를 보니 백합화를 든 성 요셉이 아기 예수를 안고 있었다. 톨레도 대성당에 있는 그 프랑스의 성모상처럼 사랑스러워 견딜 수 없다는 미소를 담고. 그 옆에 피어 오른 나무는 언젠가 씨앗 하나가 저 파사드에 떨어져 뿌리를 내리고 벋어 올라갔다고 한다.

와 초판본, 희귀한 고대 필사본들을 가장 많이 소장한 도서관으로도 유명하다. 그 뒤 전쟁과 지진 등으로 여러 차례 개축하고 복원했는데, 그때마다 바로크와 로마네스크 등의 양식이 더해져 건축사적으로도 의미가 깊은 건축물이라고 한다.

오노프리오 분수 맞은편에 있는 프란치스코 수도원에는 흑사병이 들이닥치기 전인 1317년 문을 연 말라브라카(Mala braća, 작은 형제들) 약국이 아직도 영업 중이다. 시민들에게도 문이 열려 있었기 때문에 두브로브니크는 오래전부터 의료 혜택을 받았다. 이 약국은 질이 좋고 가격도 저렴한 제품 덕분에 우리나라 여행자들이 지나가고 나면 수분크림이나 립밤 등이 동나버린다고도 한다.

프란치스코는 한계를 모를 만큼 겸손하고자 했다. 아무것도 가지지 않고 아무것도 장식하지 않고, 있는 그대로의 자연 속에서 창조주를 발견하고 찬미하며 모든 피조물을 형제자매로 사랑하며 살고자 했다. 그런 그는 학문을 경계했다. 너무 많은 것을 배워서 오만해지고 눈이 가릴 수도 있기 때문이었다.

반면에 설교를 통해 복음을 전한 수도회도 있었다. 인노첸시오 3세 교황 시절 교회에 들이닥친 또 하나의 위기는 카타리파를 비롯한 이단이었다. 교회는 이들을 제대로 가르쳐 다시 돌아오게 할 의무가 있었다. 플로체 문과 연이어 있는 도미니코 수도회의 창설자 도미니코는 바로 그 설교자의 한 사람이었다. 도미니코회는 사람들의 영혼에 유익이 되는 설교를 하기 위해 거룩한 진리를 탐구하는 학문 연구에 몰두했다. 프란치스코와 도미니코는 조금 다른 방법으로 위기에 처한 가톨릭교회를 구하고자 했다.

그들이 13세기의 위기에서 교회를 구했다면, 마르틴 루터가 촉발시킨 종교개혁의 여파로 혼돈에 빠진 16세기에 또 한 사람의 수도회 창립자가 교회에 새 바람을 일으켰다. 스페인 로욜라에서 태

프란치스코 수도원(작은형제회) 회랑 안쪽으로 오래된 약국이 여전히 문을 열고 있다.

어난 이냐시오는 1540년 예수회를 창설해 교회의 반성과 쇄신을 추구하며 또 한 번의 위기에서 교회를 일으켜 세웠다. 역사 안에서 '제수이트회'라고 번역되며 악명 높은 세력으로 묘사되기도 하지만 예수회가 놀라울 만큼 많은 일을 이뤄낸 것도 사실이다.

군둘리치 광장에서 이어지는 멋지고 가파른 계단을 경쾌하게 따라 올라가면 이냐시오 성당에 닿는다. 두브로브니크의 바람이 느껴지는 높은 지대에 1725년 세워진 성당 안에는 바로크 장식 속에 예수회 창립자와 그 형제들의 삶을 묘사하는 그림들이 가득하다. 이냐시오의 첫 동료로 일본에 그리스도교를 전했던 프란치스코 하비에르의 모습도 볼 수 있다. 유고연방의 공격이 계속되던 와중에 이 아름다운 성당의 스테인드글라스가 모두 깨지고 수류탄이 쏟아져 아래쪽 제단이 파괴되기도 했다.

도시의 주보성인인 블라시오를 기념하는 성당과 두브로브니크 대성당, 구세주 성당과 또 몇몇 가톨릭 성당들 사이에 세르비아 정교회 성당도 있다. 라구사 공국이 해체될 무렵인 1837년 러시

도미니코 수도원 성당의 원형 계단. 성곽에서 내려다보기만 해서
빛이 만들어낸 그림자가 아름다운 계단 속에 머물지는 못했다.

아 제국 표트르 대제의 지원으로 성당이 들어선 곳은 군둘리치 가문의 옛 저택이었다. 의자가 없는 본당의 황금빛 성화벽이 정교회의 특징을 잘 보여주는 성모영보 성당에서는 의외로 전통적인 이콘이 아니라 낯익은 양식의 성화들을 만난다.

누군가는 성당 자체보다 앞마당에 상주하는 열두 마리 고양이를 리뷰하기도 했는데, 이스탄불이 그런 것처럼 두브로브니크도 고양이를 시에서 관리한다는 얘기가 들린다.

예수회 성당 안에는 이냐시오 데 로욜라와 그 동료들의 생이 묘사된 성화가 진지한 분위기를 자아낸다. 유고전쟁 당시 폭탄이 떨어져 스테인드글라스가 파괴되고 수류탄이 날아와 제단이 파괴되는 등 안타까운 기억을 가지고 있다. 성당으로 이어지는 저 독특하고 멋진 계단은 '왕좌의 게임' 시즌 5에서 '수치의 행진'이 촬영된 곳이다. 민체타 탑과 로브리예나츠 요새 등에서도 찍었다고 한다.

19세기에 지어진 세르비아 정교회 성당에서는 블라호 부코바츠의 작품을 볼 수 있는데 문 여는 시간(오전 9시부터 오후 1시까지)을 잘 보고 가야 한다.

많은 기억과 상흔을 만나는 이 도시에서 한여름 열기는 도리어 열정을 부채질한다. 이 아름다운 도시에서 마음에 꽃이 피지 않는다면 대체 어디에서 잠시의 달콤함이라도 누릴까. 우리 역시 이 도시처럼 상처를 안고 살아가는 여행자, 우리도 스스로를 치유할 의무가 있다. 모두가 잠시라도, 한없이 나른하고 아득하고 충분히 행복한 순간을 누리기를!

스플리트,
황제의 허무한 그림자

그가 태어난 곳 살로나

스플리트에 들어가기 전날 살로나에서 하룻밤을 묵었다. 로마제국 디오클레티아누스 황제가 태어났다는 곳으로 지금은 솔린이라고 불리는 도시였다. 그토록 낯선 곳에서 잠시 지상의 평화 속에 있었다. 대단할 것 없는 평화, 그저 그렇게 또다시 시작되는 하루의 평화.

아주 짧은 시간을 보낸 작은 마을은 참 좋았다. 맞은편 산 아랫마을에 따뜻한 불빛이 하나둘 켜지는 시간에 호텔에 들어갔다. 수영장 곁으로는 성장한 노인들이 파티를 시작할 요량인지 삼삼오오 모여들고 있었다. 호텔 바로 앞으로 펼쳐진 푸른 공원에서 아이들이 공을 차고 그 너머엔 성당이 있었다. 조금 더 걸으니 꽤 큰 시내가 흐르고 어쩌면 로마시대의 것일 수도 있는 돌다리가 교교히 달빛 속에 떠 있었다.

마을로 들어가는 다리 입구에는 돌로 만든 작은 집 안에 성모님이 있고, '우리를 위해 기도하자'는 권고가 쓰여 있었다. 언제 세워진 조형물인지는 알 수 없지만 마을 사람들이 오며가며 마음을

성 요한바오로 2세 교황이 솔린을 방문했던 것인지 다정한 느낌으로 조각상이 서 있었다. 밤이 그렇게 흐르고…… 보잇한 어둠 속에 미사가 시작되고…… 노 수녀님을 따라 모퉁이를 돌아갔더니 마을의 작은 묘지가 있었다.

보탰을 테니 지나가는 이방인도 그대들을 위해 잠시 화살기도를 쏘게 된다. 행복해라, 솔린 사람들.

새로 지은 깔끔한 호텔에서 하루를 묵고 아침 일찍 동네 산책에 나섰는데 마을 사람들이 새벽미사를 하러 성당으로 향하고 있었다. 노인들만이 아니라 청년들의 발걸음도 이어져서 무척 신선해 보였다. 성당 바로 옆에는 마을 사람들의 묘지가 이어지고, 마을을 흐르는 물줄기 옆으로 드문드문 서 있는 나무에는 부고를 적은 종이가 바람결에 펄럭였다. 이 마을에 살던 누군가는 세상을 떠나 이렇게 죽음의 소식을 바람결에 전하고 어딘가, 아마도 그리 멀지 않은 곳에 묻힐 것이다. 그는, 그녀는 낯익은 기억 속에서 평안히 안식을 맞이할 것이다. 그리고 마을 주민은 싱싱한 야채와 꽃을 길가에서 팔고 있다. 낯선 여행자에게 미소를 보내는 것도 그들의 몫이었다. 반가운 미소로 덩달아 인사했다.

디오클레티아누스의 허무한 그림자

스플리트는 로마제국 역사상 전무후무하게 황제의 관을 스스로 내려놓은 디오클레티아누스가 세상을 떠나기 전 몇 년을 보냈던 곳으로 그는 여기서 죽어 거대한 영묘에 안치되었다. 바다에 면한 스플리트의 구시가에 그가 305년 돌연 은퇴를 선언하고 만년을 보낸 왕궁이 있었다.

세월이 흘러 황제는 세상을 떠났고 로마제국은 멸망했다. 한때 1만 명이 넘게 살던 궁은 폐허가 되어갔고, 중세에는 새로운 사람들이 그곳에 깃들어 살기 시작했다. 디오클레티아누스의 묘가 있던 팔각형 건물은 성 돔니우스 성당이 되었다. 전설에 따르면 크로아티아 사람들이 스베티 두얌(Sveti Dujam)이라고 부르는 성 돔니우스는 예수님으로부터 파견된 72명의 제자 중 한 명이라고도 하고, 또 다른 이야기에 의하면 살로나의 주교였던 그가 디오클레티아누스 때의 박해로 순교했다고도 한다. 모든 것이 아련하고 머나먼 이야기가 되어버린 지금, 분명한 건 왕궁의 주인이었던 디오클레티아누스의 무덤이 자신이 박해한 그리스도인들의 성당이 되었다는 것뿐이다.

그는 천하를 호령하며 한세상을 살다 갔고, 2000년이 다 되어가는 지금까지도 인류에 회자되고 있으니 성공한 영웅이라고 할 수 있을까? 그는 충분히 만족하며 세상을 떠날 수 있었을까? 디오클레티아누스는 농사를 지으며 안온하게 삶을 마무리하리라 꿈꿨으나 실제로는 어떻게 죽었는지조차 알려져 있지 않다. 심지어 그의 아내와 딸은 디오클레티아누스 퇴위 후 납치되었다가 살해되었다고도 전해진다. 얼마나 불행했을지 상상도 하기 어려운 그의 마지막 순간을 생각할 때 씁쓸한 심정은 어쩔 수 없었다.

디오클레티아누스는 로마제국을 동서로 나눠서 각각 정제와 부제가 통치하도록 한 사두 정치체제(테트라키아)와 여러 개혁을 통해 제국의 쇠퇴를 막아보려 했다. 그러나 이 사분통치는 그의 의도와는 전혀 다른 결과를 초래했다. 로마가 동서로 분리되고 만 것이다. 동서 로마의 경계선은 라틴 문자와 키릴 문자가 사용되는 경계였고, 서유럽 문화와 동방 문화의 경계였으며 20세기에 들어서는 유고전쟁의 전선이 되기도 했다.

황제로서 디오클레티아누스는 비교적 좋은 평가를 받지만 그리스도교 탄압만은 어두운 역사로 남아 있다. 그는 부제였던 갈레리우스의 제안으로 303년 칙령을 통해 그리스도교를 가장 강력하게 탄압했다. 박해가 극심했던 까닭에 셀 수 없을 만큼 많은 사람이 순교하고 배교한 시기였다. 작은 병 두 개에 담겨 나폴리 대

디오클레티아누스의 궁전은 사라졌다. 고대 로마제국의 영화로운 궁전은 옛 사람들의 자취를 돌아보는 여행자로 북적인다. 궁전 앞 마당 여기저기 방치된 석관과 기둥 조각은 테이블보들을 펼쳐놓는 가판대가 되었다.

성당에 보관된 피가 계속 액화되는 기적의 주인공 성 야누아리오
와 용과 싸우는 기사의 모습으로 무수한 회화에 등장하는 성 제오
르지오(게오르기우스, 조지)도 디오클레티아누스 황제 때 순교했다.
그리스도교 입장에서 보면 새벽이 오기 전 가장 어둠이 깊은 암흑
기였다.

그리스도교를 가장 잔인하게 박해한 황제였다는 오명을 뒤집
어쓰고 있지만 전해지는 이야기에 따르면 그는 그리스도교에 큰

디오클레티아누스의 영묘였던 곳이 스베티 두
얌의 묘지가 되었다고 한다. 문을 열고 들어서
자 미사가 진행 중이었다. 엉겁결에 찍은 사진
에 황금빛 관이 있다. 누구의 관일까? 황제의
관이라고 하면 어울릴 듯한 찬란한 관은 순례
자의 처소와는 거리가 멀어보인다. 그러나 아마
도 성 돔니우스의 관일 것이다.

관심이 없었다. 오히려 그의 부인과 딸이 그리스도교 신자가 되었고, 그 딸이 마귀가 들렸을 때 성 키리아쿠스가 치유해주었다고 한다.

디오클레티아누스 궁전은 아드리아 해안 동부 지역에서 가장 가치 있는 건축물이며 고대 황제의 궁 가운데 보존이 가장 잘 된 곳이다. 원래 네 개의 문과 열여섯 개의 탑을 가진 거대한 궁전을 짓기 위해 이 지역의 석회암과 브라치섬에서 나는 대리석, 이집트에서 화강암까지 가져왔다. 심지어 이집트 파라오 투트모세 3세의 무덤에서는 수많은 스핑크스를 가져와 궁의 곳곳을 장식하기도 했다.

그러나 지금 스플리트의 궁에서는 그 화려한 위용을 찾아보기가 어렵다. 아직도 성당 앞에는 스핑크스가 앉아 있지만 여기저기 깨지고 부서진 상태고, 광장에 도열해 있던 열주들은 군데군데 이가 빠진 것처럼 서 있다. 한때 그토록 찬란했던 궁전은 수많은 여행자를 맞이하는 관광지가 되었다. 황제의 엄위한 자취는 이미 퇴

고대 로마로부터 이어져온 도시 스플리트는 크로아티아에서 자그레브 다음 가는 대도시다. 그만큼 현대적인 면모를 가지고 있다. 그럼에도 상가로 이용되고 있는 지하복도를 지날 때나 황제를 알현하기 위해 대기하던 방에 들어서면 미처 자취를 감추지 못한 어떤 모습들이 스치기도 한다. 텅 빈 옛 궁전의 한 공간에서 달마시안 전통음악을 하는 아카펠라 그룹이 삶을 노래할 때, 혹은 잃어버린 사랑이거나 되찾은 사랑을 노래할 때, 더욱이 그의 노래에 저토록 귀를 기울이고 있는 누군가를 보게 될 때도.

락한 돌담처럼 무너지고, 중앙 광장에서는 로마군 복장을 한 청년들이 여행자와 사진을 찍고 있다.

이윽고 밤이 내리면 이 오래된 유적에선 어떤 일이 일어날까. 교교한 달빛이 돌기둥에 물들고 누군가는 옛날부터 전해지는 노래도 부르겠지. 이집트로부터 떠나온 스핑크스도 어딘가로 사라진 황제의 묘비석도, 우리가 아는 건 모두가 떠나버렸다는 것뿐. 모두가 붙잡을 수도 영원할 수도 없이 사라졌다는 것뿐.

분주하고 대수롭지 않은 한낮이 지나고 적막이 찾아들 때 도시는, 아름다울수록 안타까움이 커지는 모든 사라지는 것들에 대해 노래하리라. 어쩌면 스플리트의 진짜 모습이 거기 있을지도.

스플리트에서 만난 사람들

닌의 주교 그르구르

스플리트 왕궁의 중심인 성 돔니우스 성당에서 '황금의 문'으로 불렸다는 북문으로 나서면 닌의 주교 그르구르상이 나타난다. '발칸의 로댕'이라 불리는 이반 메슈트로비치(Ivan Meštrović)의 작품인 높이 4.5미터짜리 청동상은, 한쪽 팔에는 책을 들고 다른 한 팔은 하늘을 가리키고 있다. 조각상의 왼발 엄지발가락을 만지면 행운이 온다고 해서 오가는 이들이 다들 문지르는 바람에 발가락이 반질반질해졌다.

닌은 자다르에서 자동차로 30분 거리에 있는 곳으로 이미 3000년 전부터 사람들이 살아온 도시다. 지금은 관광도시로 명맥을 유지하고 있지만 중세 크로아티아 왕국이 태어나고 정치, 종교, 문화의 중심지였던 곳이라 '크로아티아의 베들레헴'이라고도 불린다. 879년 6월 브라니미르는 교황 요한 8세의 축복을 받고 크로아티아의 합법적인 통치자가 되었다. 닌은 가장 오래된 왕의 도시 가운데 하나로 9세기부터 19세기에 이르기까지 크로아티아 주교좌였다.

스플리트 북문 밖에 서 있는 그르구르 청동상은 1000년 전 이 도시에서 있었던 종교회의를 기념하는 것이다. 그 주인공이 닌의 주교였던 그르구르였다.

닌에는 '세상에서 가장 작은 성당'이라고 불리는 성 십자가 성당이 있는데 9세기에 지어진 이곳은 지금까지 한 번도 손을 보지 않은 유일한 건물이기도 하다. 이 작은 성당은, 창문의 위치와 빛의 각도로 정확한 춘분과 동지 날짜를 결정할 수 있었다. 이 때문에 스톤헨지와도 종종 비교되는 이 성당에서는 여름을 맞으며 '태양과 빛의 축제'라는 이름의 행사가 열린다. 이 작고 아름답고 의미 깊은 성당을 찾아 사람들이 모여들지만 스플리트에서 닌을 기억하는 것은 10세기의 한 주교 때문이다.

당시 교황 요한 10세는 달마티아 지방에서 슬라브어로 전례를 거행하던 것을 그만두고 라틴어를 쓰도록 요청했다. 926년 스플리트에서 시노드가 열려 교황의 요청이 논의되었지만 닌의 주교 그르구르는 오히려 자신들의 모국어로 예배를 드릴 수 있게 해달라고 청했다. 그는 크로아티아 토미슬라브 왕의 전폭적인 지지를

크로아티아 사람들은 글라골리차 문자에 큰 자긍심을 갖고 있는 것으로 보인다. 글라골리차 축제도 열린다. 자그레브 대성당 벽에 새겨진 글라골리차 문자.

받고 있었다.

당시 슬라브족은 말은 있었지만 문자가 없어서 라틴어 알파벳을 약간 변형해 쓰고 있었다. 그런데 슬라브어의 특성을 적절하게 표현하기가 어려워 키릴과 메토디오 형제가 만든 글라골리차 (Glagolica) 문자를 크로아티아도 쓰고 있었다. 글라골리차는 아직도 기원이 밝혀지지 않았는데, 학자들은 하자르어에서, 혹은 아르메니아어나 콥트어에서 비롯되었다고도 하고, 아직 드러나지 않은 흑해 연안 문자에서 발전된 것이라고도 보고 있다.

마침내 모국어 전례

우리나라 역시 1965년 이전까지 모든 성당의 미사는 라틴어로 드려야 했다. 서방교회 전례에서 공식적으로 모국어가 쓰인 것은 겨우 50년 정도밖에 되지 않는다. 로마제국 시대에 공인되고 확산된 가톨릭교회의 공식 언어가 라틴어였기 때문에 모든 가톨릭교회의 전례에는 라틴어를 사용한 것이다. 특히 트리엔트 공의회(1545~1563) 이후 400년 동안은 오직 라틴어로만 미사를 드렸다.

알지 못하는 언어로 드리는 예배의 의미에 대해서는 여러 의견이 있을 수 있다. 분명한 건 모국어로는 공식적인 예배를 드릴 수 없었다는 것이다. 많은 사람들이 이를 문제 삼았다. 종교개혁기의 사제이자 인문학자였던 에라스무스도 《신약성경》을 그리스어로 번역하고 "나는 성서가 모든 언어로 번역되어 농부와 베짜는 아낙네가 성서를 노래하고, 여행자들이 성서를 읽으며 여독을 씻게 되기를 간절히 바란다."라고 서문에 쓰기도 했다.

1962년 바티칸 베드로 광장을 내려다보는 집무실 창가에서 교황 요한 23세는 '답답하다, 창을 열어라'고 선언했다. 그는 가톨릭교회의 문을 활짝 열어젖혔다. 공의회를 소집한 것이다. 본래 가톨릭교회의 공의회는 '신앙과 도덕에 관한 교리 문제나 사목 문제를 협의 결정하는' 회의로 대부분 교회를 위협할 만한 문제를 수습하기 위해 열리곤 했다.

예를 들어 325년 니케아에서 열린 최초의 공의회는 예수님의 신성을 부정하는 아리우스주의를 이단으로 정리했다. 그로부터 지금까지 공의회는 21번 개최되었다. 한편 동방교회에서는 초기 그리스도교의 일곱 공의회만을 인정하고 있다. 그리고 개신교는 초기 네 개만을 에큐메니컬 공의회로 받아들인다. 325년 니케아의 첫 회의에서 787년 제2차 니케아 공의회까지 일곱 공의회에서 다룬 주제는 삼위일체론, 그리스도론, 성화상 문제 등 그리스도교 신학의 뿌리가 되는 것이었다. 그 후에도 가톨릭교회는 공의회를 통해 위기를 극복하고 교회를 개혁하곤 했다. 2000년 역사 동안 그야말로 '별일'없이 공의회가 열린 적은 단 한 번도 없었다. 그러나 요한 23세 교황은 분명히 상황을 인식하고 있었다. 교회가 제 역할을 하기 위해서는 변화가 필요한 시기라는 것을.

교황이 공의회를 열겠다고 하자 무수한 찬반 의견이 쏟아졌다. 그러나 마침내 제2차 바티칸 공의회가 개최되었고, 몇 해에 걸쳐 실로 개혁적인 논의가 계속되었다. 공의회의 목표는 뚜렷했다. 이 시대에 발맞춘 '쇄신 또는 적응' 그리고 갈라진 '그리스도 교회들의 일치'였다. 그 결과 또한 지축을 흔들 만큼 놀라운 것이었다. 너무나 단단해서 열리지 않을 것 같던 가톨릭교회의 철문이 시대의 빛과 어둠을 고스란히 받아들이기 시작했다.

(왼쪽) 제2차 바티칸 공의회
(오른쪽) 바오로 6세 교황은 제2차 바티칸 공의회의 지향 그대로 1964년 예루살렘에서 1054년 상호파문 이후 처음으로 동방교회 세계 총대주교 아테나고라스 1세와 만났다. 이스라엘 나자렛 성모영보대성당에 이를 기념하는 조형물이 세워져 있다.

공의회 결과 가장 놀라운 것 가운데 하나가 바로 '모국어 예배'의 허용이었다. 트리엔트 공의회 이후 사제는 벽에 설치한 제대를 향해 라틴어로만 미사를 봉헌했다. 신자들과 사제가 같은 방향을 보며 함께하는 형태였다. 그래서 사람들은 미사를 '보러 간다'고 말했다. 사제가 드리는 미사를 신자들은 뒤에서 '본' 것이다. 제2차 바티칸 공의회는 사제와 신자들이 제대를 중심으로 마주보도록 하고 각 나라의 모국어를 허용해 보다 능동적으로 미사에 함께하도록 했다.

하지만 보수적인 신자와 사제들은 변화를 받아들이지 못한 채 교회를 떠나는 일도 있었다. 예컨대 영화 〈패션 오브 크라이스트〉를 만들었던 멜 깁슨 같은 신자들은 여전히 라틴어로 미사를 드렸고, 교회를 떠난 사제와 주교들은 파문을 무릅쓰면서도 자신들의 신념을 꺾지 않았다. 그 가운데 마르셀 르페브르 대주교는 1970년 '성 비오 10세회'를 설립하고 트리엔트 전례를 고집하며 가톨릭교회를 벗어나버렸다. 1988년에는 교황청의 승인 없이 주교를 서품해 요한바오로 2세 교황이 결국 그를 파문했다. 십수 년이 흐른 뒤 교황 베네딕토 16세가 트리엔트 전례를 허용하는 자의교서 등을 통해 화해와 일치를 촉구했지만 아직 관계는 완전히 복원되지 않았다.

경건한 신자들에게는 신앙의 행위 하나하나가 자신의 정체성을 이루는 소중한 요소다. 그 때문에 전례의 형식을 수정하는 일은 정말 조심스럽고 두려운 시도인 것 같다. 내용이 아니라 형식의 수정이어도 마찬가지였다.

러시아의 경우도 표트르 대제 때 니콘 총대주교의 전례개혁으로 끔찍한 후폭

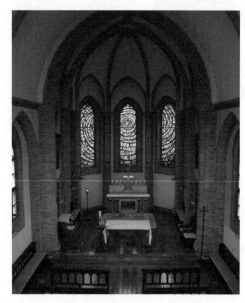

일반적으로 동쪽 벽에 설치해 사제와 신자가 모두 한 방향을 바라보던 트리엔트 양식 제대는 지금도 곳곳에서 볼 수 있다. 사진은 원효로 예수성심성당 제대.

러시아의 불행한 전례개혁 후폭풍은 바실리 수리코프의 〈대귀족부인 모로조바〉가 극명하게 보여준다. 니콘 총대주교의 개혁에 저항한 '분리파' 교도 모로조바 부인이 쇠사슬에 묶인 채 끌려가는 와중에 구교도의 입장을 대변하는 두 개의 손가락을 번쩍 들어 올리고 있다. 이 부인도 수도원에 유폐되어 삶을 마감했다. (바실리 수리코프, 〈대귀족부인 모로조바〉, 1887, 모스크바 트레챠코프 미술관)

풍을 겪었다. 그 결과 2만 명에 가까운 '구교도'들이 화형을 당했고 수많은 사람들이 도피해 자신들의 신념을 고수하며 살았다. 그때 니콘이 개혁하려고 했던 부분은 두 손가락으로 긋던 십자성호를 세 손가락으로 하고, 예배 때에 두 번 부르던 '할렐루야'를 세 번으로 하는 등의 내용이었다. 그게 목숨을 걸 만큼 심각한 문제였을까 싶지만 당시 러시아 교회 신자들의 심정을 알 수는 없다. 함부로 말할 수도 없을 것이다. 제2차 바티칸 공의회는 그렇게 첨예하고 어려운 개혁을 전방위적으로 실행했다. 지금 생각해도 놀라운 일이다.

슬라브 출신 주교들은 라틴어 설교를 사람들이 알아듣지 못하자 공공연히 글라골리차를 사용했다. 당연히 교회 전례에서도 글라골리차를 썼는데, 이는 라틴어를 공식언어로 쓰던 가톨릭교회의 정책과는 부합되지 않았다. 요한 10세 교황이 이런 관행을 고쳐보려고 했지만 그의 시도는 그르구르 등의 반대로 실현되지 못했다. 13세기경에는 교황 인노첸시오 4세가 달마티아 남부지역에서의 글라골리차 사용을 공식적으로 허락하기까지 했다고 한다.

글라골리차는 실제로 크로아티아에서 19세기까지 쓰였다. 극히 일부만이 문자를 해독하고 쓸 수 있었던 중세의 '암흑기'에 빈부귀천을 떠나 모든 사람이 성경과 교회의 가르침을 이해할 수 있도록 교황에 맞섰던 주교 그르구르의 행보는 무척 예외적인 것이었다.

그로부터 1000년이 지난 1929년, 그의 발자취를 기념하기 위해 시노드가 열렸던 스플리트에 이 거대한 청동상이 세워졌다. 크기가 조금 작은 조각상이 그가 주교로 일했던 닌과 크로아티아 북부의 바라주딘에도 세워졌다. 물론 어디에 있든 이 동상의 발가락을 만지면 행운이 찾아온다는 전설은 함께 전해졌다. 원래 이 동상이 있던 곳은 디오클레티아누스 궁전의 페리스틸이었다. 제2차 세계대전 중에 해체되어 도시 밖으로 옮겨졌다가 전쟁이 끝나고 10년이 지난 1954년 북문 밖에 자리를 잡았다.

크로아티아의 미켈란젤로, 이반 메슈트로비치

닌의 주교 그르구르의 거대한 청동상을 빚어놓은 이반 메슈트로비치의 갤러리가 스플리트에 있었다. 크로아티아에서 태어나 소년시절에 대리석공 곁에서 조각을 익힌 그는 발칸 곳곳에 슬라브 민족의 꿈을 형상화한 기념비적 작품을 남겼다. 그의 작품 영역은 조형물에만 그치지 않았다. 몬테네그로 로브첸 산에 있는 페타르 2세 페트로비치 네고스의 영묘도 그의 작품이라고 한다. 로브첸 산의 한 봉우리인 예제르스키 봉에 세워진 이 무덤에 몬테네그로의 강력한 군주이자 시인이었던 네고스가 잠들어 있다.

이 '유고슬라비아' 작가의 작품은 크로아티아만이 아니라 발칸 전역에서 쉽게 자취를 만날 수 있다. 흔히 '발칸의 로댕'이라고 불리는 그는 아무래도 '크로아티아의 미켈란젤로'라는 평이 더 적절해 보인다. 무엇보다 그의 신산한 삶이 미켈란젤로의 질곡과 겹쳐 보이기도 한다. 그가 살다 간 시간 역시 격동의 세월이었다. 지금 스플리트에 있는 갤러리는 원래 그가 노후에 아드리아 해를 바라보며 살 생각으로 지은 집이었다. 건축에도 직접 참여해 가족이 생활할 공간과 작업실, 전시실 등으로 지은 이곳에서 그는 1932년부터 1941년까지 살았다.

흔히 20세기 초 발칸의 불행을 말할 때 세르비아의 민족주의, 세르비아니즘을 원흉처럼 지목하지만 크로아티아 역시 만만치 않았다. 빗나간 민족주의는 이 나라에서도 활개를 쳤고 그 정점에 우스타샤가 있었다. 파시즘과 나치즘, 민족주의와 가톨릭 근본주의가 뒤섞인 신념으로 무장한 우스타샤는 1941년 나치 독일이 크로아티아에 세운 괴뢰국가에서 말로 다할 수 없을 만큼 참담하게 세르비아인을 학살했다. '3분의 1은 개종시키고 3분의 1은 추방하고 3분의 1은 죽인다'는 것이 세르비아 정교인들에 대한 당시 우스타샤의 입장이었다.

메슈트로비치는 히틀러의 파시즘을 반대하고 고국의 우스타샤에도 대항하다 1941년 결국 투옥되었다. 이듬해 자그레브 대주교 스테피나츠는 베니스 비엔날레에 참여하는 조건으로 그가 풀려

아드리아 해가 내려다보이는 이반 메슈트로비치 갤러리. 가이드도 없이 그저 아리마태아 사람 요셉의 피에타 앞에 서고 싶었다. 그것만으로도 벅찼는데 욥을, 그 바닥 치는 욥을 보았다.

나도록 도왔다. 그 후 교황 비오 12세의 지원을 받으며 로마에 머물던 그는 마침내 미국에 정착했다. 몸은 고국을 떠났지만 그는 여전히 유고슬라비아 사람이었다. 1951년에는 우스타샤의 학살과 관련해 재판에 회부된 스테피나츠 주교의 석방을 위해 미국 내에서 활동하는 이들과 함께했다. 병든 주교를 만나기 위해 크로아티아를 방문하기도 했다.

메슈트로비치는 자신의 작품을 고국으로 보내 그토록 사랑스럽게 지었던 이 집을 1952년 갤러리로 열었다. 현재 이곳에는 메슈트로비치 자신과 그의 후손들이 기증한 192점의 조각품, 583점의 스케치가 전시되고 있다. 메슈트로비치는 죽어서야 자신이 원했던 대로 고향마을에 묻히기 위해 미국을 떠나 고국으로 돌아왔다.

아리마태아 사람 요셉의 피에타

스플리트 구시가에서 그리 멀지 않은 갤러리를 택시로 찾아갔다. 바로 곁으로 아드리아 해가 펼쳐지는 길을 달렸다. 인터넷에서 〈아리마태아 사람 요셉의 피에타〉를 봤을 때부터 기다린 시간이었다. 햇살 가득한 마당을 부리나케 뛰어올라 아리마태아 사람과 성모마리아와 막달라 여자 마리아의 피에타를 만났다.

'로만 피에타'라고도 불리는 이 작품에서 요셉은 두 여인 못지않게 사무친 자세로 예수님을 안고 있었다. 《신약성경》은 아리마태아 출신의 '명망 있는 의회 의원'인 요셉이 로마 총독 빌라도에게 당당히 들어가, 십자가에 못 박혀 죽은 예수님의 시신을 내줄 것을 청했다고 기록하고 있다.

예수님이 십자가형에 처해지자 제자들은 두려움에 떨며 도망치고 숨었다. 요셉 역시 예수님의 제자였지만 유다인들이 두려워

'로만 피에타'라고도 불리는 〈아리마태아 사람 요셉의 피에타〉. 무죄한 이의 절통한 죽음 앞에 비로소 자유로워진 산헤드린 의원 요셉의 자세는 예사롭지가 않다.

그 사실을 숨기고 있었다. 그랬던 그가, 총독에게 요청해 예수님의 시신을 아무도 묻힌 적이 없는 새 무덤에 모셨다. 유다인들의 최고 의결기관인 산헤드린 의원으로서 요셉은 세상 돌아가는 이치를 아는 지위에 있었고, '신성모독자'이며 '반역자'로 죽은 예수님을 추종하는 일이 얼마나 위험한 것인지도 잘 알고 있었으리라. 그럼에도 그는 자신의 입장을 공공연하게 밝히고 참혹한 죽음의 한순간을 함께했다. 그 순간 그도 '십자가의 어리석음'을 택했다.

메슈트로비치가 묘사한 그날의 요셉은 형언할 수 없을 만큼 처절했다. 그의 자세는 예수님이 숨을 거둔 순간 성전 휘장이 두 갈래로 찢어질 때, 예수님의 십자가 아래서 그 순간을 목격하고는 "참으로 이 사람은 하느님의 아드님이셨다."(마르 15,39)라고 한 백인대장의 고백과도 같았다. 그의 행동은 예사로운 일이 아니었다.

로마의 식민 지배를 받고 있던 당시의 팔레스타인에서는 아무 일도 일어나서는 안 되었다. 꼬박꼬박 세금을 내야 했고 반란의 바람은 순식간에 잠재워야 했다. 가장된 평화 속에서 백성은 착취당하고, 바리사이와 사두가이로 불리는 지배층은 기득권을 수호하는 데만 관심이 있었다. 예수님은 그 가장된 평화를 깨뜨리는 '불순분자이자 위협인물'이었다. 유다인들의 수석 사제들과 온 최고 의회는 예수님을 죽이려고 그에 대한 거짓 증언을 찾았다. 그들 가운데 한 사람이었던 카야파가 이렇게 충고했다.

"온 민족이 멸망하는 것보다 한 사람이 백성을 위하여 죽는 것이 여러분에게 더 낫다는 사실을 여러분은 헤아리지 못하고 있소."(요한 11,50)

아리마태아 사람 요셉은 의회의 결정에 동의하지 않았다고 성경은 전한다. 하지만 침묵은 암묵적 동의가 되기도 한다. 어쩌면 스플리트의 아름다운 갤러리에서 지금도 예수님의 축 늘어진 시

예루살렘 예수님의 무덤 성당에는 예수님의 시신을 염했다고 전해지는 돌판이 있다. 그 뒤의 그림에 예수님의 시신을 십자가에서 내려 옮기는 아리마태아 사람 요셉과 니코데모가 있다.

신을 뒤에서 안고 있는 피에타는 '아니오'라고 해야 할 때를 놓쳤던 이의 절규인지도 모르겠다. 그것은 지켜주지 못해 미안한 자의 자세였다. 결국 불의의 동조가 야기한 결과를 눈앞에 두고 그제야 울부짖는 후회이고 회한이었다.

찢어지고 부서지고 깨진 마음이 그 순간 두렵고도 가슴 벅찬 신비 앞에 홀연히 섰다. 처절한 죽음, 억울한 죽음, 죽을죄라고는 티끌만큼도 없었던 이의 절통한 죽음 앞에서야 그는 자신의 마음을 제대로 보았는지 모르겠다. 그제야 예수님의 말, 예수님의 길, 예수님의 죽음이 지닌 신비를 알아들었는지 모르겠다. 그리하여 그는 로마 총독에게 위험천만한 요구를 한 것이다. 예수님의 가르침을 상기하며 그는 비로소 자유로워졌다. 진정으로 두려워해야 할 것이 무엇인지를 알게 되었다. 그는 유다인들의 장례 관습에 따라 예수님의 시신을 향료와 함께 아마포로 감싸고, 예수님이 못 박힌 언덕의 무덤에 그를 모셨다.

《신약성경》은 여기까지 전하고 있지만 이후 아리마태아 사람 요셉은 전설에도 등장하는 인물이 되었다. 중세 내내 여러 버전으로 재창조된 '성배이야기'의 성배가 바로 그의 소유였다고 한다. 예수님이 최후의 만찬 때 포도주를 담아 축복했던 잔에 십자가에 못 박힌 예수님의 피를 담았다고 전해지는 이 '성배'의 주인이 바로 요셉이라는 것이다.

아리마태아 사람 요셉이 예수님의 시신을 무덤에 모셨을 때 그는 현실의 모든 것을 버렸을 것이다. 그는 버리고 떠나야 했을 것이다. 그래서 성배의 전설은 사실이 아닐지 몰라도 그가 고향을 떠나 어떤 순례의 여정을 걸은 것은 실제였을지 모른다. 그는 마리아 막달레나와 다른 마리아들이 예루살렘에서 배에 태워져 추방되었을 때 함께했다고도 전해진다. 예수님 부활 후 열두 제자 말고 다른 이들의 기록은 전혀 없다보니 그들의 이야기는 그 자체가 전설이 되었다.

2000년 전 팔레스타인에서 아리마태아 사람 요셉은, 권력자와 그에 동조하는 이들이 무죄한 이들에게 행사하는 폭력을 목도했다. 이반 메슈트로비치 또한 자신의 조국 크로아티아가 자행하는 폭력을 목격했다. 목격했을 뿐만 아니라 그 폭력의 희생자이기도 했다.

아드리아 물빛 속에 욥의 탄원

2층 전시실의 열린 창으로 오후의 햇살이 밀려들었다. 아드리아 해 푸른 물빛에 젖은 햇살이 고요한 전시실 곳곳에 그림자를 드리웠다. 한 사내가, 벌거벗은 채 모든 걸 다 드러낸 한 사내가 적나라한 빛의 그림자 속에 웅숭그리고 있었다. 비탄이 햇살과 어둔 그림자로 뒤섞이고 있었다.

밭을 갈고 풀을 뜯고 있던 소와 암나귀가 스바인들에게 약탈당하고 머슴들은 칼에 찔려 죽었다. 하늘에서 떨어지는 불이 양 떼와 머슴들을 불살라버렸다. 낙타들도 약탈당했다. 큰 바람이 불어와 집이 무너져 일곱 아들과 세 딸이 모두 죽었다. 그때 그 모든 것의 주인이었던 이 사람은 겉옷을 찢고 머리를 깎고 땅에 엎드려 말했다.

"알몸으로 어머니 배에서 나온 이 몸 알몸으로 그리 돌아가리라. 주님께서 주셨다가 주님께서 가져가시니 주님의 이름은 찬미 받으소서."

상황이 더 나빠져 사탄이 그의 몸을 병들게 하였을 때 그는 다시 말했다.

"……우리가 하느님에게서 좋은 것을 받는다면, 나쁜 것도 받아들여야 하지 않겠소?"

모든 재산을 잃고 건강마저 잃은 채 나락에 빠진 그는 사람들에게 조롱거리가 되었다. 친구들마저 끝없이 그를 슬프게 했다. 모욕

이반 메슈트로비치의 〈욥〉. 바로 그즈
음이었다고 한다. 우스타샤에 협력하지
않아 수감된 동안 그의 심연 역시 욥처
럼 탄원했던 모양이다. 세상이 광기에
휩쓸리던 그때 그 물결 속에서 그는 욥
과 만났다.

하고 괴롭혔다. 소외되고 고통 받았다. 그는 억울하고 애가 탔다.

"아, 제발 누가 나의 이야기를 적어두었으면! 제발 누가 비석에다 기록해주었으면!"

《구약성경》이 전하는 욥의 얘기다. 찬란한 세상을 살던 이의 모든 것이 느닷없이 곤두박질쳤다. 가장 비참해진 순간의 그가 침묵 속에 포효하고 있었다.

"내가 조롱의 노랫거리가 되고 그들에게 이야깃거리가 되었네. 그들은 나를 역겨워하며 내게서 멀어지고 내 얼굴에다 서슴지 않고 침을 뱉는구려."

사람들은 고통 앞에서 어떤 이유들을 찾는다. 가끔은 고통 받는 이에게 그 이유를 받아들이라고 요구한다. 고통 안에서 하느님의 뜻을 찾아보라는 충고를 하기도 한다. 하지만 고통은 고통뿐이다. 하느님은 사람들이 고통 속에서 뭔가를 찾기 원하는 신이 아니다. 욥은 알고 있었다. 그래서 줄곧 물었다. 왜 선한 사람이 고통을 겪습니까? 그는 자신이 "거룩하신 분의 말씀을 어기지 않았으니 이것이 내게 위로가 되어 모진 고통 속에서도 기뻐" 뛸 수 있다고 항변했다. 그는 자신을 만든 이 앞에 당당했다.

"그래서 이 몸은 입을 다물지 않겠습니다. 제 영의 곤경 속에서 토로하고 제 영혼의 쓰라림 속에서 탄식하겠습니다."

그것은 자기 생을 책임지며 살아가는 자의 자세였다. 자신의 생을 견디고 감당하겠다는 것이 사람의 가장 어여쁜 자세 아닌가. 그는 헷갈리지 않는다. 그래서 묻는다. '뭐가 문제인 거죠?'

이 땅에서 메슈트로비치 역시 어떻게 이토록 지옥 같은 일이 사람들의 세계에서 벌어질 수 있는가를 물었을 것이다. 어떻게 선한 이들이, 선한 이웃들이 무력하게 죽고 고통을 겪고, 끔찍한 악인들이 잘 먹고 잘 살다 죽을 수 있는가.

끝없는 고요 속에 벌거벗은 채 상처 입은 짐승처럼 쪼그리고 앉아 비탄에 잠긴 한 인간의 묘사 앞에 한참을 머물렀다. 욥의 어느 날에 이반 메슈트로비치의 그 어느 날이 겹쳐보였다. 그는 발가벗었다. 그는 알몸으로 서 있다. 그 침묵 안에서 욥은 고백했다.

"그러나 나는 알고 있다네, 나의 구원자께서 살아 계심을. 그분께서는 마침내 먼지 위에서 일어서시리라. 내 살갗이 이토록 벗겨진 뒤에라도 이 내 몸으로 나는 하느님을 보리라. 내가 기어이 뵙고자 하는 분, 내 눈은 다른 이가 아니라 바로 그분을 보리라."(19,25-27)

그리고 마침내 그는, 불가사의한 희망을 갖고 있던 그는 하느님의 음성을 들었다.

발칸의 거친 역사를 온 몸으로 살다 간 한 예술가의 자취가 아드리아 해를 내려다보고 있는 집, 찾는 이도 드물어 온전히 햇빛과 푸른 물빛이 희롱하는 갤러리의 곳곳에는 찬란한 고요만이 넘실거렸다. 메슈트로비치의 갤러리에는 벨그라드 칼레메그단 공원의 〈승리자의 상〉이나 닌의 주교 그르구르 상 같은 거대한 위용이 아니라 처절한 고뇌로 몸부림치는 군상이 있었다. 끝없는 고뇌 속에 숨 쉬기도 어려워 보이는 욥의 절망이 있고, 무엇보다 예수님의 시신을 안아든 아리마태아 사람 요셉의 피에타가 있었다.

슬로베니아를 아세요?

이젠 알까, 슬로베니아라는 나라를

1991년 가장 먼저 유고연방에서 독립을 선언한 건 슬로베니아였다. 유고연방군이 공격을 시도했지만 슬로베니아에는 크로아티아와 달리 세르비아 사람이 별로 살지 않았기 때문에 전쟁으로 확대할 명분이 없었다. 결국 10일 만에 상황이 종료되었다. 다행이었다.

만약 슬로베니아가 크로아티아나 보스니아처럼 고통스러운 일을 겪었다면 베로니카는 죽을 생각을 안 했을까? 파울로 코엘료의 《베로니카 죽기로 결심하다》의 그 베로니카 말이다. 물론 그녀가 "슬로베니아의 위치가 어디인지 아는 사람이 거의 없다. 이는 온당치 못한 국제적 무관심이다……"라고 유서를 쓴 건 진실이 아니다. 그 핑계로 정말 죽으려고 했던 건 아니었다. 그녀는 그냥 지쳤다. 아무 일도 일어나지 않는 일상에 지친 것뿐이었다. 그만큼 삶이 평온했던 것이다.

"그녀는 신이니 자신의 존재니 하는 문제에 그리 깊이 빠져들진 않았다. 공산주의 구체제의 공식 교육은 삶이 죽음과 함께 끝나는 거라고 가르쳤고, 그녀는 그 생각에 익숙해져 있었다. 베로니카는 모든 것이 죽음과 함께 끝난다고 거의 확신하고 있었다. 그녀가 자살을 선택한 건 바로 그 때문이었다. 마침내, 자유. 영원한 망각."

내일이 와도 특별히 다른 일이 생기지 않을 거라는 생각. 어제와 오늘과 다를 바 없는 내일이라면? 자살을 시도한 베로니카가 옮겨져 치료를 받던 정신병원의 이고르 박사는 "캐나다인 다섯 명 중 한 명은 현재 어떤 종류의 정신적 혼란에 시달리고 있고, 여덟 명 중 한 명은 일생 동안 적어도 한 번은 정신장애로 병원에 입원하게 된다고 평가할 수 있다."는 보고에 이렇게 독백한다.

"훌륭한 시장일세. 여기보단 백 번 나아! 인간들은 행복해질 가능성이 크면 클수록 불행해지는구먼."

이고르 박사는 "인간은 각종 조건들이 양호할 때에만 정신이 이상해지는 사치를 부린다."고 이해했다. 하지만 캐나다의 경우만이 아니라 그 자리에 당시의 슬로베니아를 대입해도 별 무리가 없었던 모양이다.

종소리 울려퍼지는 블레드

유럽 동남부에 자리한 슬로베니아는 다행히 20세기 초 유고전쟁의 참화도 비켜왔다. 게르만, 라틴, 슬라브 문화가 만나는 지점에서 1000년 가까이 이탈리아, 오스트리아, 크로아티아 등 주변국의 영향을 받아온 이 나라는 슬라브 국가 가운데서 1인당 소득이 가장 높고, 우리나라 경상도 정도 크기의 국토 65퍼센트가 숲으로 이루어진 울울창창 숲의 나라이기도 하다.

가장 슬로베니아다운, 그러니까 가장 평화로운 천국 같은 도시에 들어섰다. 슬로베니아 북서쪽 오스트리아 국경 가까이에 자리한 블레드였다. 바쁠 것이라고는 없는 안온하고 느긋한 오후였다. 산책 중인 노부부의 은발이 햇살에 더 빛나는 호숫가 산책로를 따라 걸었다. 멀리 율리안 알프스 산맥이 장중하게 드리워져 있었다. 해발 2864미터 트리글라브 산에 거하는 머리 세 개 달린 정령이 지상과 천국, 지옥을 지킨다는 슬라브 신화가 아니어도, 필시 신들의 처소였음이 틀림없어 보이는 곳이었다.

아마도 블레드를 찾아온 첫 관광객은 호수 가운데 섬에 있는 성모승천성당 순례자였을 것이다. 벌써 몇백 년 전부터 신실한 그리스도인들은 순례 여정에 오르곤 했다. 순례자들은 불편을 무릅쓰

블레드 섬을 오가는 플레트나가 블레드 성을 배경으로 지나가고 있다. 블레드 섬은 슬로베니아 유일의 섬이다.

고 거룩한 장소를 찾았다. 당시로서는 배를 타고 들어가야만 하는 섬의 작은 성당도 쉽게 닿기는 어려운, 희생을 요구하는 목적지였을 것이다.

블레드가 도시로서 활성화되기 시작한 건 1855년 스위스 의사 아르놀트 리클리가 온천 테라피센터를 열고 사람들을 치료하면서부터였다. 제1차 세계대전 후에는 세르비아-크로아티아-슬로베니아 왕국의 왕이 이곳에 여름별장을 세우고, 유럽의 많은 왕가 사람들을 초청했다. 호수 한쪽에는 티토의 별장이었다가 이제는 호텔로 쓰이는 아름다운 건물도 있었다.

조정 경기의 메카로 불릴 만큼 세계조정선수권대회가 많이 열리기도 한 블레드 호수에서는 평소에도 조정 선수들이 연습을 한다. 시는 호수와 주변 산책길을 활용해 철인2종 경기(수영+마라톤) 코스를 만들기도 했다. 온천수가 나오고 천혜의 자연환경을 가졌지만 블레드는 더 적극적인 마케팅으로 관광객을 끌어모으고 있다.

개발의 와중에도 가장 우선적인 것은 친환경이다. 블레드는 겨울이면 꽁꽁 얼어붙은 호수 위를 스키로 내달렸지만 지구온난화의 여파로 2005년 이후부터는 이게 불가능해졌다. 그래서도 더더욱 그린 투어리즘에 신경을 쓰고 있는데, 블레드 호수 주변은 물론이고 인근 지역의 민간 투자까지도 친환경적인 요소를 최우선으로 고려하는 정책을 시행하고 있다. 모터보트쇼나 록페스티벌 등은 완전히 금지돼 있고, 호수 주변에 호텔이나 개인 건축물을 지을 때도 엄격한 심사를 받아야 한다. 호수의 수질과 경관을 해치는 일은 그 어떤 것도 용납할 수 없다는 태세다. 인구 8000명에 불과한 작은 마을을 연간 50만 명의 여행자가 찾는 또 하나의 이유일 것이다.

블레드 섬의 성모승천성당. 슬라브 신화에서 사랑과 풍요의 여신인 지바의 성소가 있었다는 곳에 이제 성모마리아가 좌정하고 성당 마당에는 마리아 막달레나 석상이 서 있다. 맨 아래 오른쪽 사진은 블레드 성 안에 있는 작은 경당이다. 낡은 프레스코화와 무척이나 현대적인 느낌의 성모자상이 묘한 앙상블을 이뤘다.

블레드는 슬로베니아가 독일왕국의 지배를 받던 1004년 신성 로마제국 황제 하인리히 2세가 브릭센의 주교인 알부이누스에게 선물로 준 땅으로 기록되어 있다. 주교는 호숫가 바위산 언덕에 작고 소박한 성을 지었다. 벌써 1000년이 넘은 성이었다. 험난한 산세 덕분에 성은 자연 방어가 가능했다. 20세기 들어 화재와 전쟁으로 큰 손상을 입어서 복구를 했지만 세월의 흔적은 사방에 남아 있었다.

은근히 가파른 산길을 걸어 올라간 성에는 약간 다른 높이인 두 개의 마당을 가운데 두고 박물관과 16세기에 지어진 작은 경당이 있었다. 박물관에는 독일 황제 가운데 유일한 가톨릭 성인으로 무척 경건한 사람이었다고 전해지는 하인리히 2세의 어렴풋한 흔적이 남아 있다. 작은 공간이 도리어 신비롭게 다가오는 경당에서 이제는 닳고 닳은 프레스코화와 느닷없이 현대적인 성모자상을 만나는 것도 반갑지만 블레드 성에서 할 수 있는 가장 멋진 일은 살포시 섬을 안고 있는 블레드 호수를 내려다보는 것이다.

블레드 성에서 그토록 멋지게 보이는 성모승천성당에 가기 위해서는 플레트나를 타고 율리안 알프스의 만년설이 녹아 해발 500미터 분지에 만들어놓은 호수 위를 떠가야 한다. 아름답기로는 '율리안 알프스의 눈동자'라고 불리는 인근 보히니 호수가 더 유명하지만 바로 이 성당 덕분에 무수한 관광객이 블레드로 몰린다. 전통적인 나룻배 플레트나에 오르면 사공이 시키는 대로 얌전하게 자리를 잡아야 한다. 균형이 맞지 않으면 물에 빠지는 걸 각오해야 하기 때문에 사공이 장난으로 무게중심을 바꾸면 모두 혼비백산할 수밖에 없다.

현재 이 호수에서 운행되고 있는 플레트나는 23척이다. 발칸의 다른 나라들처럼 슬로베니아도 외세의 지배를 많이 받았는데, 19

세기 초에 새 주인이 된 오스트리아 합스부르크가 사람들이 호수가 번잡해지는 걸 원치 않아 딱 23척의 배만 허가했다. 200년이 지난 지금까지도 이 관습이 이어져 플레트나 뱃사공 일은 가업으로 이어지고, 남자만 할 수 있다.

섬에 가까워지자 종소리가 들려왔다. 부드럽고도 깊은 종소리였다. 아흔아홉 개라는 가파른 계단을 올라 성당에 들어섰다. 사람들이 줄을 서서 '사랑을 이뤄준다'는 종을 치고 있었다. 성당은 작았지만 제단과 강론대 등은 화려한 양식으로 꾸며져 있었다.

15세기에 세워진 성모승천성당은 작고 오래되었지만 슬로베니아 젊은이에게 결혼식 장소로 가장 인기 있는 곳이다. 어쩌면 블레드 섬이 슬라브 신화에 등장하는 사랑과 풍요의 여신 지바의 성소였던 때문일지도 모르겠다. 결혼이란 무릇 새로운 생명을 잉태하고 이어가는 일 아니던가. 이제 슬라브 신화는 아득한 베일 속에 묻혀 있고, 지바 신 또한 잊힌 여인이 되었다. 문자가 없던 시절에는 구전되는 바람에 기록되지 못하고, 마침내 키릴 문자를 쓰게 되었을 때는 '개명'된 그리스도교가 미신이라며 싹을 잘라버린 탓에 이제는 망각의 강을 건넌 신화다. 그 땅과 호수와 산자락은 기억 깊은 곳에 간직하고 있을지 모르지만 이제 지바 신을 예배하던 자리에는 성모마리아의 승천을 기념하는 성당이 지어지고 그 앞마당에는 옥합을 든 마리아 막달레나 석상이 서 있다.

종소리는 끝날 줄을 몰랐다. 왜 그렇지 않겠는가. 사랑이 청춘 남녀만의 것이 아니고, 마음 안에 가득한 간절한 기원 모두가 '사랑'일 테니 그 마음 한 자락씩 펼쳐내는 이들의 종소리가 돌아서 나오는 등 뒤로도 댕그렁 댕그렁 울려퍼졌다.

하늘 아래 새로운 것이 없다, 포스토이나 동굴

블레드 섬의 평화, 말 그대로 자연스러운 풍경 속에 아주 느슨한
시간을 잠시 누리고 찾아간 곳은 굴이었다. 동굴을 본다기에 사
실 좀 심드렁했다. 뭐 대수로울 게 있나 싶기도 했다. 그러나 포스
토이나 동굴은 결코 만만한 곳이 아니었다. 길이가 20킬로미터에
달하는 이 신비로운 동굴은 1818년 오스트리아-헝가리 제국 황제
프란츠 요제프의 방문을 앞두고 안전진단을 위해 들어갔던 인근
주민 루카 체치가 놀라울 만큼 멋진 구간을 새로 발견해 다음해인

입구를 들어서서 꼬마기차를 타면 환성을 지
르지 않을 수 없는 장관 속으로 순간이동한
다. 종유석과 석순이 빚어놓은 놀라운 창조
물의 향연 앞에 흔들리지 않을 재간이 없다.

1819년부터 개방되었다.

시간이 되자 무수한 사람들이 동굴 안까지 타고 갈 꼬마기차 앞에 섰다. 기차를 타고 들어선 지 몇 분이 지나지 않아 거대한 동굴 속엔 사람들의 탄성이 메아리쳤다. 모퉁이를 돌 때마다 눈을 의심하게 하는 장관이 펼쳐졌다. 사람들은 짜릿한 놀이기구를 탄 아이들처럼 환호와 비명으로 마음껏 놀라움을 표현했다. 마침내 그 장관의 한복판에 내렸다. 흔히 '골고타 언덕'이라고 불리는 그곳에서부터 거의 한 시간쯤을 걸었다. 굳이 가이드의 설명이 없어도 보는 사람마다 느낌이 넘쳐날 풍경이었다. 종유석의 바다, 종유석의 계곡, 종유석의 파노라마 속에 수백수천의 성상이 계시고 수백수천의 기둥들이 서 있는 장엄한 공간이 마치 예배를 위한 장소 같았다.

'러시안 브리지'를 지나고 석회 성분이 든 물방울이 천장에서 석순으로 떨어지는 '시간의 소리'가 사방에서 들리는 '아름다운 동굴'을 지나고, 종유석이 하얀 국수처럼 매달린 '스파게티 홀'과 파이프오르간과 아이스크림 모양의 종유석 등을 지났다. 때론 기괴하고 때론 신기하고 때론 아름다웠다. 지루할 틈 없이 걷다보니 마침내 허락된 길의 끝에 다다랐다. 공간이 훌륭한 공명을 가능하게 해서 실제로 콘서트도 열리곤 한다는 널따란 광장을 뒤로 하고, 다시 꼬마기차에 올라 출구를 향해 달렸다.

기차에서 내려 나오는 길에는 어둠 속에 거센 물소리가 들렸다. 동굴 지하로 흐르는 피비카 강의 거침없는 흐름을 따라 지상으로 돌아왔다. 낮은 기압 때문인지 동굴의 음습함 때문인지 사람들은 꽤 지쳐보였다. 동굴에서 나와 밥을 먹다가 어디선가 본 것 같던 동굴 안 풍경들이 과연 무엇이었는지 떠올랐다. 동굴 안에서 가우디의 성가정성당과 그라나다 알람브라 궁전의 장식을 보았던 것

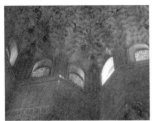

종유석이 만들어놓은 놀라운 세계는 사람의 손으로 재현되거나
모방되어 우리 가까이에 있다. 가우디의 성가정성당과 알람브라
궁전의 기하학적인 문양도 이미 자연에 존재하는 형상들이었다.
'하늘 아래 새로운 것이 없다'는 코헬렛의 탄식이 내게는 도리어
자유로운 바람처럼 다가왔다.

이다!

가우디는 여전히 지어지고 있는 바르셀로나 성가정성당(사그라다 파밀리아)의 독특한 양식을 자신이 태어나 자란 스페인 카탈루냐 지방의 톱니모양 산 몬세랏에서 따왔다고 했다. 그가 "인간은 창조하는 것이 아니라 발견하거나 이미 발견된 것에서 출발할 뿐이다. 새로운 작품을 만들기 위해 자연의 법칙을 찾는 사람은 창조주와 연합한다."고 한 것처럼 사그라다 파밀리아에는 자연에서 따온 모티프가 풍성하다. 특히 성탄의 파사드에는 수없는 곡선들이 자연의 역동적인 힘과 신비를 드러내고 있다. 바로 그 곡선의 향연들이 동굴 안에도 넘쳐났다.

스페인 알람브라 궁전 '사자의 궁' 안에 있는 기둥들과 왕비의 방 천장 문양은 말 그대로 종유석을 닮았다. 이슬람의 기하학적 문양은 정교한 수학적 계산에 의한 것이겠지만, 문외한의 눈으로 보면 동굴 속 제멋대로 솟아난 종유석의 모양이나 진배없이 자유롭고 아름다웠다.

구약성경의 〈코헬렛〉(전도서)은 "하늘 아래 새로운 것이 없다."고 탄식하며 세상만사가 헛되다고 허무를 노래했지만 어마어마한 세월을 통해 만들어진 동굴 앞에서, 하늘 아래 새로운 것이 없음을 확인하는 건 도리어 안온한 어떤 감정이었다. 나라는 존재 역시 한줄기 바람처럼 불어왔다 불어갈 뿐, 바람이 어딘가에 뿌리 내리겠다며 어울리지 않는 자리를 탐하지 않듯이, 어디에 매일 필요도 없고 매여서도 안 되는 그저 자유 자체인 존재, 너와 나는 그 누구도 침해할 수 없는 존재라는 생각에 마음이 도리어 경쾌한 바람으로 부풀어 올랐다.

모든 것은 바람처럼 지나가는 것, 바람을 잡으려고 하는 것이 무모하듯이 지나가는 일을 잡으려는 것 또한 부질없다. 성실하게

포스토이나 동굴 밖 마을. 피비카 강물이 거침없이 흐르고 있다. 아늑하고 아름답고 아무것도 일어나지 않는 한순간, 저 마을에도 베로니카가 살고 있는 건 아닐까?

살아가되 버릴 것은 버려라. 나만이 외로운 게 아니다. 나만이 상처 때문에 신음하는 게 아니다. 오래된 상처가 있듯이 오래된 아름다움이 있다. 아름다움이 상처를 도닥인다. 그래봐야 한세상이야. 그 한세상을 시시포스가 살았고 프로메테우스도 살아냈다. 십자가에 달린 예수님도 있었다.

코엘료의 베로니카는 자신이 '정말' 죽게 되었다는 걸 알자 정신이 번쩍 들었다. 그러나 그녀는 "모든 것을, 특히 자기 속의 수없이 많은 베로니카들, 매력적이고, 끼 넘치고, 호기심 많고, 용기 있고 언제든 위험을 무릅쓸 준비가 되어 있는 그 베로니카들을 발견하지 못한 채 살아온 삶의 방식을 증오했다."

살아 있는 오늘, 아직 증오할 필요가 없는 오늘, 아름다움은 세계 안에, 오래된 세계와 오래된 내 안에 있다. 그야말로 카르페 디엠, 지나간 바람을 붙잡지 말고 이 순간 찾을 수 있는 모든 아름다움에 눈을 뜨기로 한다. 모처럼 발칸에서 힘겹고 곤고한 현실이나 날선 정치를 잊고 아름다운 자연을 누리는 것은 아드리아 해의 햇살과 바람에 마음을 평안히 널어 말리는 일이었다.

여기서
콘스탄티누스 대제가 나다

니시 강변의 한 식당에서 점심을 먹었다. 식당 바로 옆집 앞마당에서는 주인아주머니가 과일잼을 만드느라 장작불을 계속 지피며 연신 커다란 주걱으로 큰 솥을 젓고 있었다. 콘스탄티누스 대제가 태어났다는 곳이지만 한적한 외곽의 강가여선지 세르비아 제3의 도시다운 위용은 볼 수 없었다. 호젓한 강변에 세워진 한 조형물만이 그나마 그를 기억하게 했다.

로마 황제로서는 제국 곳곳에서 발생하는 수많은 문제들의 대응 수위를 결정하는 일도 큰 고민이었을 것이다. 팔레스타인 지방에서 발생한 '그리스도교'라는 집단에 대해서도 마찬가지였다. 그냥 두면 조만간 사그라질 바람일까, 잠재워야 할 광풍인가.

《신약성경》에 의하면, 예수님이 십자가에 못 박혀 죽은 후 제자들이 그의 가르침을 전하다 잡혀왔을 때 유다인들이 그들의 언행에 격분해 죽이려고 달려들었다. 그때 존경받는 율법교사 가말리엘이 만류하며 말했다.

"이스라엘인 여러분, 저 사람들을 어떻게 다룰 것인지 잘 생각하십시오. 저 사람들 일에 관여하지 말고 그냥 내버려두십시오. 저들의 그 계획이나 활동이 사람에게서 나왔으면 없어질 것입니

니시 강가에 조성해놓은 조형물 하나. 콘스탄티누스가 밀비우스 전투 직전 환시로 본 라바룸과 "이 상징으로 승리하라."는 문장이 그를 기념하고 있다. (사진_김정희 마리엠마)

다. 그러나 하느님에게서 나왔으면 여러분이 저들을 없애지 못할 것입니다. 자칫하면 여러분이 하느님을 대적하는 자가 될 수도 있습니다."(사도 5,35-39 참고)

로마 황제들 역시 이런저런 조언에 귀를 기울였을 것이다. 그러나 바람은 거셌다. 이 신흥종교는 로마에도 들이닥쳤다. 흔히 '그리스도교 박해'하면 떠올리는 것이 네로 황제와 로마 화재다. 황제가 방화를 하고는 그리스도인들에게 죄를 덮어씌웠다는 말도 있지만 최근에는 그가 불을 지른 건 아니라는 주장도 나오고 있다. 당대의 역사가 타키투스는 당시 상황을 이렇게 전하고 있다.

"네로는 떠도는 소문을 종식시키기 위하여 그 책임을 다른 사람들에게 돌렸으며 극심한 고문으로 이들을 처벌했다. 로마 시민들은 이들이 하는 행위로 인해 이들을 미워했는데, 이들을 크리스천이라고 불렀다. 이 이름은 빌라도에 의해 처형된 그리스도에서 유래한다. 이 헛된 미신은 억압에 의해 잠시 주춤했으나 이후에 다시 나타나 유다 지방뿐만 아니라 온갖 해괴망측한 일들이 도처에서 몰려드는 로마에까지 퍼졌다."(연대기 15.44.3)

박해는 간헐적이었지만 그리스도교가 법적으로 자유를 얻은 313년까지 약 250년 동안 대략 열 차례 정도 되풀이되었다. 특히 303~305년 디오클레티아누스 황제 때에 소아시아와 이집트에서 가장 큰 박해가 일어났는데 역사가 에우세비우스는 "단 하루에 100명 이상의 신자를 참수하느라 집행하는 이들이 지쳐버렸고, 도끼 칼날이 무뎌질 정도였다."고 그 상황을 묘사했다.

그러나 박해가 극심해질수록 그리스도교는 칡뿌리처럼 퍼져나갔다. 죽음을 불사하며 신앙을 지키는 신자들과 그들의 삶이 오히려 예수님이 누구인지 관심을 갖게 하고, 그리스도교를 퍼뜨리게 된 것이다. 교부 테르툴리아누스가 "순교자들의 피는 그리스도교의 씨앗"이라고 말한 그대로였다.

311년 4월에 갈레리우스 황제가 그리스도교와 관련한 칙령을 선언했다. 그는 황제 디오클레티아누스와 자신이 그리스도인들을 조상들의 신앙으로 되돌리기 위해 단호한 조치를 취하기도 했으나 배교자들까지도 자발적이라기보다는 어쩔 수 없는 선택을 한 경우가 많았다고 지적했다. 그들이 그리스도를 섬기는 것은 그만두었으나 로마의 믿음으로 돌아온 것도 아니라는 걸 알고 있었던 황제, 그러한 상황은 모든 사람의 생활방식을 인정하는 로마의 관용 정신과는 어울리지 않는 것으로 그리스도인들에게도 그 관용이 미쳐야 한다고 공표했다.

"따라서 오늘부터는 그리스도인들이 자신의 공동체를 재건하는 것을 인정한다. 다만 제국의 법률에 위배되지 않는 한도 안에서 허용한다는 점을 명기한다."

312년 서부 로마의 적수였던 막센티우스와 콘스탄티누스가 최후의 결전을 벌였다. 10월 28일이었다. 전투 직전 콘스탄티누스는 그리스도를 의미하는 그리스 문자(Χριστός)의 첫 두 글자인 카이(Χ)와 로(Ρ)를 겹쳐놓은 상징을 보았다. 그리고 "이 상징으로 승리하라(In hoc signo vinces)"는 문장을 보았다. 그는 병사들의 방패에 이 상징을 그리라고 명했고 마침내 밀비우스 전투에서 승리했다. 그리스도인에게 이 라바룸(labarum)은 '구원의 깃발'이 되었다.

마침내 313년 황제 콘스탄티누스와 리키니우스가 회담을 통해 밀라노 칙령을 반포했다. 그리스도교 박해가 공식적으로 끝이 났다.

"……오늘부터 그리스도교든 다른 어떤 종교든 각자 원하는 종교를 믿고 거기에 수반되는 제의에 참가할 자유를 완전히 인정받는다. 그것이 어떤 신이든, 그 지고의 존재가 은혜와 자애로써 제국에 사는 모든 사람을 화해와 융화로 이끌어주기를 바라면서. ……앞으로 그리스도인들은 아무 조건 없이 신앙을 완전히 인정받는다. 그리스도인에게 인정된 이 완전한 신앙의 자유가 다른 신을 믿는 자에게도 동등하게 인정되는 것은 말할 나위가 없다. 우리가 완전한 신앙의 자유를 인정하기로 결정한 것은 그것이 제국의 평화를 유지하는 데 효과적이라고 판단했기 때문이고, 어떤 신이나 어떤 종교도 명예와 존엄성이 훼손당해서는 안 된다고 생각하기 때문이다……."

이것이 거의 2000년 전 제국의 평화와 안녕을 고려한 로마 황제들의 대응이었다.

세르비아를 위한 변명

눈부신 한때를 그리워하는 늑대의 땅

갓 떠오른 태양이 멀리 안개를 드리우고 있는 옛 동방의 평원을 지나고 있었다. 누군가는 가슴 깊이 사랑했을 땅, 또 누군가에게는 슬픔이고 고통이 되었을 땅이었다. 그 낯선 곳을 지날 때 더는 '조국'의 상황이 개인의 삶을 어떤 운명으로 끌고 가거나 족쇄가 되지는 않기를 바랐다. 세르비아의 현대사에서 청년들에게 강요된 민족주의가 너무나 안타까웠다. 우리 근현대사에도 조국의 현실 때문에 개인의 삶을 반납하고 형극의 삶을 살아간 청년들이 명멸했다. 세르비아의 광활한 평원을 지나면서 조국이 세르비아 사람들에게 더는 고통의 원인이 되지는 않았으면 하는 생각이 간절했다.

세르비아인들이 수백 년의 오스만 제국 통치를 겪으면서도 민족적 정체성을 잃지 않았던 것은 전통과 문화의 수호자 역할을 한 정교회와 1389년 6월 28일 코소보 전투에서 이어진 전설 덕분이었다고 전해진다. 동로마 제국이 혼란스러운 틈을 타 세르비아 제국을 세웠던 스테판 두산(Stefan Dušan)이 죽은 후 세르비아는 구심점을 찾지 못한 채 주변 정세에 휘둘리고 있었다. 그런 상황에

옛 동방의 평원에 또 하루의 태양이 떠오르고 있었다.

서 강력한 오스만 제국의 공략이 계속되었다. 1389년 결과적으로 최후의 결전이 된 코소보에서의 전투가 벌어졌다. 라자르 흐레벨랴노비치(Lazar Hrebeljanović)가 선봉장으로 나섰다. 사분오열된 세르비아의 귀족 가운데 가장 강력한 세력으로, 세르비아 공국을 창건해 네마냐 왕가의 정통성을 이은 그가 비장한 심정으로 병사들에게 말했다.

"세르비아인이거나 세르비아에서 태어난 자, 그리고 세르비아의 피가 흐르고 유산을 물려받은 자 중에 이 전투에 함께하지 않는 자는 아무리 간절히 원해도 자손을 얻지 못할 것이다. 그는 아들도 딸도 얻지 못하리라! 그가 아무리 씨를 뿌려도 그 땅에서는 아무것도 자라지 않을 것이다. 검은 포도도 흰 밀도 결코 얻지 못하리라! 그는 자손대대로 영원히 저주를 받을 것이다!"

이 무서운 '코소보의 저주'는 코소보 전투가 벌어졌던 황량한 지역에 세워진 위령탑에도 새겨져 세르비아 사람들의 기억을 일깨우고 있다. 실제로 라자르의 저주는 세르비아 사람들의 민족의식을 일깨우는 데 쓰이기도 했다.

결전 전날 밤 꿈에 오스만 제국의 술탄 무라드 1세에 맞설 라자르에게 《구약성경》의 예언자 엘리야가 나타나 물었다고 한다.

"땅 위의 왕국을 원한다면 내일은 승리하겠지만 언젠가는 멸망할 것이고, 천상의 왕국을 원한다면 패배하고 모두 죽더라도 천국에서 영원한 생명을 누릴 것이다. 무엇을 원하는가?"

라자르는 천상의 왕국을 택했고, 세르비아인은 모두 장렬히 전사했다. 이교도와 맞서 싸우다가 순교한 라자르는 민중의 구전설화를 통해 영원한 세르비아인의 영웅으로 살아 있고, 세르비아인은 스스로를 천상의 민족으로 여겼다. 19세기 들어서는 부크 카라드지치(Vuk Karadžić) 같은 민족주의자들이 세르비아 민족에게 가장 중요한 역사의 한 순간이었던 이 전설을 신화로까지 끌어올렸기 때문에 결전의 장이었던 코소보는 세르비아 민족의 성지가 되었다.

코소보 전투가 있었던 6월 28일은 세르비아 정교회의 축일인 비도브단(Vidovdan. Saint Vitus Day, 율리우스력으로는 6월 15일)이기도 하다. 1389년 코소보 전투 이후 세르비아의 역사에는 이날 극적인 사건들이 많았다. 1914년 제1차 세계대전을 촉발시킨 사라예보 사건이 그랬고, 1948년에는 티토의 유고슬라비아가 스탈린 주도 코민포름에서 축출됐다. 그리고 1989년에는 코소보 전투 현장을 찾은 밀로셰비치가 세르비아 민족주의를 자극하는 선동적인 연설로 유고슬라비아 내전을 초래하기도 했다.

1878년 오스만 제국이 마침내 발칸을 떠났을 때 세르비아인들은 가장 찬란했던 네마냐 왕조(1166~1371)를 잇는 새로운 국가를 만들고 싶었다. 그들의 바람과는 달리 1908년 합스부르크 제국이 보스니아 헤르체고비나를 합병하자 그들은 세르비아주의로 무장한 지하조직을 키우기 시작했고, 결국 1914년 사라예보 라틴 다리에서 제1차 세계대전의 도화선이 된 총성을 울렸다.

1945년 요시프 티토는 남슬라브 민족의 '형제애와 일치'를 지향하며 유고슬라비아연방을 출범시켰다. 세르비아, 크로아티아, 슬로베니아, 마케도니아, 몬테네그로, 보스니아 헤르체고비나 등으로 구성된 이 나라는 1992년까지 존재했던 공산국가였다. 티토는 이른바 '티토주의'라고 불리는 노선으로 독자적인 공산주의를 표방하며 '인간의 얼굴을 한 사회주의'를 실현하고자 했다.

하지만 티토가 죽은 후 세르비아의 지도자가 된 밀로셰비치는 그 꿈을 산산조각 냈다. '오직 세르비아만'을 외치던 그는 1989년 코소보전투 600주년을 맞아 현장을 방문한 자리에서 '세르비아 민족주의 혁명의 정점'이라고 평가되는 연설로 세르비아인들을 부추겼다. 결국 1991년 슬로베니아와 크로아티아가 독립을 선언하자 유고전쟁이 시작되었다. 세르비아는 유고연방의 이름으로 이들과 전쟁을 치렀다.

1995년까지 계속된 유고전쟁의 다른 이름은 인종청소, 대량학살, 절멸 등이었다. 그때 많은 세르비아인들에게 이 전쟁은 1389년 코소보 전투와 크로아티아의 우스타샤가 제2차 세계대전 동안 저지른 잔학 행위 등에 대한 보복이기도 했다. 이웃의 모스크가 파괴되고 가톨릭 성당이 불에 탈 때 그들은 이를 환영했다고 한다.

이런 사정으로 세르비아에 대해 좋지 않은 선입견이 있었다. 전쟁이 끝난 후 세르비아의 인종청소가 부각되고 오래 회자되는 바람에 세르비아에 대해 인상이 구겨지는 걸 어쩔 수 없었다. 그러나 그것이 사실일까? 내가 알고 있는 것, 사람들이 알고 있는 것이 진실일까? 세상에는 가해자와 피해자를 단순한 도식으로 정리하기 어려운 일들이 참 많다. 실제로 알아갈수록 발칸유럽은 서로가 서로에 대해 가해자였던 과거를 안은 채 살아가고 있었다. 크로아티아가 세르비아 사람들을 학살하고, 세르비아 사람들이 보스니아 사람들을 인종청소했다. 사람들은 불시에 불어닥친 쓰나미에 속수무책으로 휩쓸렸다. 누구랄 것도 없이 '악의 평범성'이 적나라하게 발현되고 만 불행이었다. 그때 과연 세르비아만이 악의 축이었을까?

그런 선입견 때문에 발칸에 간다고 했을 때 처음에는 세르비아를 일정에서 제외했다. 그런데 어찌어찌 세르비아의 오래된 수도원까지 돌아보게 되었다. "계획을 의논해 보아라. 그러나 깨져 버리리라. 결의를 말해 보아라. 그러나 성사되지 못하리라. 하느님께서는 우리와 함께 계시다."(이사 8,10) 계획은 사람이 세우지만 이루는 것은 하늘의 뜻이라는 말을 새삼 생각했다. 한편으로는 분명히 다행이었다. 내 편협한 의지 대신 어떤 이끄심이 나를 세르비아로 가게 한다는 생각이 들기도 했다.

지금이야 사정이 좀 나아졌지만 전쟁 직후 세르비아는 세계 각국으로부터 거의 배제되고 있었다. 1992년 바르셀로나 올림픽과 1994년 미국 월드컵 출전이 막히고, 경제 봉쇄와 무역 제재, 항공기 취항 금지 등의 조치가 취해지기도 했다. 돌이킬 수 없는 범죄 때문에 세르비아는 후폭풍을 감당해야 했다. 국제사회는 냉엄했다. 현재 세르비아는 밀로셰비치의 악행과 극우민족주의를 거부하며 민주주의를 뿌리내리고 있지만 여전히 음험한 이미지가 남아 있는 게 사실이다. 그런데 생각해보면 이런 이미지는 두브로브니크나 플리트비체처럼 눈부시게 아름다운 관광지가 없기 때문이기도 한 것 같다. 사람들을 사로잡을 만한 명소가 세르비아에는 없다고 한다. 더욱이 세르비아 제국의 중심이었던 스코페나 그림처럼 아름답다는 도시 프리즈렌조차 이제 세르비아 땅이 아니라 마케도니아나 코소보가 되어버렸다. 거기에 세르비아에는 바다도 없다.

어떤 의미에서는 현대 유고슬라비아 문학을 대표하는 초현실주의 시인 바스코 포파(Vasco Popa)가 쓴 것처럼 세르비아는 '절름발이 늑대'임에 틀림없다. 모욕당한 절름발이 늑대, 눈부신 한때를 그리워하며 하염없이 본향을 그리워하는 늑대들의 땅. 그리하여 시인은 절름발이 늑대에게 명한다.

> ……그대의 굴로 돌아가 절름발이 늑대여
> 가서 잠들라 털갈이를 하고 강철 같은 새 이빨이 자랄 때까지
> 잠들라 내 조상의 뼈들이 꽃 피고 가지가 자라 대지의 껍질을 뚫을 때까지…….
> ─바스코 포파, 《절름발이 늑대에게 경의를 7》(문학동네, 2006)

아무것도 없는 스타리라스의 베드로 성당

네마냐 왕조의 첫번째 수도였던 스타리라스는 말 그대로 '오래된' 세르비아의 한순간이었다. 출발하기 전에, 묘비 말고는 아무것도 없는 스타리라스의 베드로 성당 대신 다른 곳, 예를 들어 스투포비 수도원을 가지 않겠느냐고 세르비아관광청 직원이 조언했다는 얘길 들었다. 하지만 인터넷에서 찾아본 베드로 성당의 그 '아무것도 없는' 풍경에 이미 매혹되어버렸다. 볼 것은 많지 않지만 볼 수 없는 많은 것들이 가득할 거라고 생각했다. 들리지 않는 음악들이 넘쳐흐를 것이고, 겹겹이 쌓인 시간이 분명히 한마디쯤은

아는 척도 해줄 거라고 믿었다.

그래도 미련이 생겨 스투포비 수도원을 검색하다가 세르비아 정교회 수도자들이 기도하는 동영상을 보았는데, 너무 슬펐다. 종종 절에서 듣게 되는 독경도, 바라나시에서 만났던 시바신을 찾던 갈망도 다 비슷한 느낌으로 아련했다. 보잘것없는 인간이 결핍을 감당하며 더 나은 존재로 비약하기 위해 찾고 기대고 탄원해야 하는 어떤 '존재들', 그 앞에 선 인간의 진솔한 모습일 것이다, 그 노래들은. 그런데 다시 보니 그토록 슬픈 그 음악이 〈시편〉 136장이었다.

……주님을 찬송하여라, 좋으신 분이시다. 주님의 자애는 영원하시다. 신들의 신을 찬송하여라. 주님의 자애는 영원하시다. 주님들의 주님을 찬송하여라. 주님의 자애는 영원하시다…….

끝없이 하느님을 찬송하자는 음악이 그렇게 구슬프다니 슬픔을 요구당하는 기분이 들어 당황스러웠다. 무릇 종교는 삶을 기쁘게 받아들이고 자기 존재를 기뻐하며 신을 찬미할 수 있도록 도와야 하는 것 아닐까. 음울한 신앙은 하느님을 내 삶과 관계없는 멀고 높은 곳에 모셔놓고 끊임없이 자책하며 재만 뒤집어쓰도록 한다. 그 틈에 어린아이 같은 감사와 찬양은 발붙일 곳이 없다. 찬미에 앞서 끊임없는 비탄의 한숨만, 환희와 기쁨에 앞서 절절한 슬픔만 배어 있는 신앙은 너무도 안타까운 노릇이었다. 얀센주의자처럼 세심증으로 자책만 하다가는 정작 삶이 우리에게 주는 선물을 발견할 기회조차 잃어버리고 만다.

노비파자르 외곽에 있는, 아무것도 볼 게 없다는 성당에 닿았다. '코소보 전투'를 생각하며 끝없는 평원을 연상했는데, 뜻밖에 완

옛 세르비아 왕국의 자취가 남은 언덕 위 베드로와 바오로 성당 앞에는 정교인들의 묘비가 서 있고, 그 언덕 아래로 산 자들의 마을이 펼쳐져 있다. 세르비아 사람들이 9세기경부터 사도 베드로와 바오로를 기념하던 작은 성당 내부는 살아온 세월만큼 낡고 부서졌다.

만한 돌계단을 한참 올라간 언덕 꼭대기에 1000년도 넘은 성당이 있었다. 세르비아 사람들이 9세기경부터 베드로와 바오로 사도를 기념하던 곳이었다. 중세 세르비아 왕국의 영적 삶에 중요한 역할을 했던 소포차니와 스투포비 수도원이 이 교회 가까이에 있었다. 몇백 년 동안 세르비아 그리스도교 신앙의 성소였던 이 작은 성당 안에도 모진 풍파에 닳고 사람들에 의해 훼손된 성인과 천사들과 판토크라토르(Pantokrator, 만물의 지배자 전능하신 그리스도)와 성모 마리아가 있었다.

성당 앞마당에는 세르비아에서 가장 잘 보존된 18~19세기 정교인들의 묘지가 교회를 둘러싸고 있었다. 언덕 저 아래로는 붉은 지붕을 가진 산 자들의 집이 펼쳐졌다. 삶과 죽음이 극명하게 공존하는 풍경을 내려다보며 코소보 전투를 생각했다. 황폐해진 들판은 기억하고 있을까? 그날, 죽을 것 같았을 그들의 격정을. 그들이 타오르는 불길 속에 자신을 등신불로 봉헌하기 위해서는 삶을 걸 만한 대의가 있어야 했다. 그것은 애국이었고, 신앙을 수호하기 위한 순교 행위였다. 그날은 세르비아 사람들에게 유다인들의 마사다 응전과 같지 않았을까.

동서고금에는 죽을 것 같은 심정으로 역사의 한 장면이 된 무수한 사건들이 있다. 우리에게도 그렇게 가슴 터질 듯한 통한의 순간들이 있었다. 일제강점기에 독립을 위해 분투하던 이들이 그랬고, 80년 광주가 그랬다. 그리고 오늘도 '죽을 것 같은 심정'으로 하루하루를 살아가는 사람들이 있다. 세르비아 사람들의 민족성에는 코소보 평원을 내달리던 말갈기가 여전히 각인되어 있을지도 모르겠다. 한때 화양연화, 그들 공동체의 부신 한때가, 도리어 그들을 가두는 슬프고 고독한 오늘을 만들지 않기를 바랐다. 스타리 라스의 언덕에 서서.

발칸유럽의 동방교회

동방교회

330년 로마 황제 콘스탄티누스는 제국의 수도를 로마에서 비잔티움으로 옮기고 콘스탄티노플이라고 불렀다. 지금의 터키 이스탄불이다. 395년에는 그리스도교를 로마제국의 국교로 삼은 테오도시우스 대제가 제국을 둘로 나누어 큰아들 아르카디우스는 동로마제국의 첫 황제가 되고, 둘째아들인 호노리우스는 서방 황제로서 서로마제국을 통치하게 했다. 서로마제국은 가뜩이나 약체였던 데다 게르만 민족의 이동으로 치명타를 입으며 476년 멸망하고 말았다. 이후 로마는 800년 프랑크 왕국의 샤를마뉴가 교황 레오 3세에게 황제의 관을 받음으로써 서로마제국을 계승하는 새로운 시대를 열었고, 그리스도교가 세상의 중심이 되는 중세의 한복판으로 들어가게 되었다.

반면 동로마제국은 숱한 부침을 거듭하면서도 1453년까지 존립한 비잔티움 제국(330~1453)을 말한다. 로마 제국의 수도였으므로 로마의 제도와 이념 속에 그리스도교를 국교로 삼았으나 헬레니즘 문화를 바탕으로 하는 그리스 전통이 강했다. 비잔티움 제국이 오스만 제국에 의해 멸망하자 모스크바가 비잔티움 제국의 문장이었던 쌍두독수리까지 그대로 가지고 가서 '제3의 로마'를 표방했다. 수백 년 간 이슬람 문화 속에 있었던 데다 1922년 오스만 제국이 멸망한 후에는 공산주의의 영향권에 있었기 때문에 비잔티움 제국 영토였던 지역은 더더욱 서구와는 다른 역사를 펼쳐왔다.

일반적으로 비잔티움 제국 안에 있었던 동방교회는 스스로를 정교회, 즉 '정통(Orthodox)' 교회라고 말한다. 이에 대해 서방교회는 '보편적'이라는 의미의 'Catholic'이라고 불린다. 서방교회가 활동적이고 사변적인 반면에 동방은 보다 신비적이고 관상적인 경향을 띄었다. 한국정교회 홈페이지에서는 동서방교회의 서로 다른 요소들을 이렇게 알려준다.

"서방 그리스도교가 고대 로마의 법과 도덕철학으로 유명한 땅에서 발전된 반면, 동방 그리스도교는 셈족과 헬레네 문화로 유명한 땅에서 발전되었습니다. 서방이 그리스도의 수난과 인간의 죄에 깊은 관심을 두었다면, 동방은 그리스도의 부활과 인간의 신화(deification), 테오시스(Theosis)를 강조했습니다. 서방이 종교의 법정적인 관점에 기대었다면, 동방은 더욱 신비적인 신학과 결부되었습니다. 초기 교회는 균일하지 않았습니다. 이 두 위대한 전통은 대분열이 교회를 갈라놓기 전 1000년 이상을 함께 존재했습니다. 오늘날, 로마 가톨릭과 개신교가 서방 전통의 계승자라면, 정교회는 동방 전통의 계승자입니다."

고대 로마제국이라는 거대한 세계에서 그리스도교는 뿌리를 내리고 싹을 틔웠다. 이 신흥종교는 저마다의 역사와 문화에 이식되었다. 그러니 결코 균일할 수 없었고 당연히 갈등이 생기기도 했다. 동서로마가 나뉜 후 상황은 좀 더 위태로워졌다. 7세기경에 비잔티움 제국의 헤라클레이오스 황제는 국가 전체를 그리스화하고자 했다. 그는 라틴어 대신 그리스어를 국가와 교회의 공식 언어로 채택했다. 결국 비잔티움 세계와 라틴 전통은 점차 멀어질 수밖에 없었다. 서로 다른 언어 사용에서 야기된 크고 작은 오해들과 서로마와 비잔티움 제국의 정치적 상황, 우위를 점하려는 견제와 갈등이 깊어지면서 교회는 1054년 결정적으로 다른 길을 걷게 되었다. 그 후 양 교회는 남보다 못한 관계일 때도 많았다.

가장 참담한 일은 1204년 제4차 십자군이 저지른 악행이었을 것이다. 이슬람을 향해 가던 십자군이 콘스탄티노플로 쳐들어가 약탈과 범죄로 도시를 초토화시켰다. 그때 초토화된 것은 도시만이 아니었다. 비록 많은 차이를 가지고 있어도 '그리스도교 형제'였던 관계조차 끊어버린 사건이었다. 2001년 교황 요한바오로 2세는 십자군이 저질렀던 침략과 약탈, 학살에 대해 정식으로 사과했다. 그동안 화해를 위한 시도가 없지는 않았다. 1438년에는 피렌체 공의회를 통해 일치를 위한 구체적인 열매를 맺기도 했지만 정교회 신자들의 저항으로 물거품이 되기도 했다.

1054년 교회 대분열 이후 1964년에야 교황 바오로 6세와 정교회 세계 총대주

헤어지는 건 쉬워도 다시 만나는 건 어려운 일이다. 사람의 관계도 그렇고 교회도 그랬다. 마음의 문을 연다는 것과 현실의 벽이 없어지는 건 같은 말이 아니다. 교황과 콘스탄티노플 총대주교, 혹은 러시아 정교회나 다른 정교회 주교들과의 만남은 가끔 뉴스에 보도된다. 그런 만남이 현실에서도 어떤 영향을 끼칠 수는 없을까?

교 아테나고라스 1세가 만났다. 2014년에는 프란치스코 교황과 바르톨로메오 총대주교가 역사적 만남 50주년을 기념하며 일치를 향한 길을 함께 걷겠다는 공동선언을 하였다. 50주년을 기념하는 로고에는 한 배를 타고 있는 로마 교회의 사도 베드로와 콘스탄티노플 교회 사도 안드레아의 머리 위로 '그들이 하나가 되도록'이라는 라틴어 문장이 적혀 있다.

일반적으로 비잔티움 제국의 영향권에 있었던 발칸유럽에는 동방교회가 깊이 뿌리를 내렸다. 서방교회가 바티칸을 중심으로 하나의 교회를 이루는 것과 달리 현재 동방교회는 초대교회로부터 이어져온 네 개의 총대주교구(콘스탄티노플, 알렉산드리아, 안티오키아, 예루살렘)가 있으며 열 개의 독립교회와 다수의 자치교회를 가지고 있다. 일반적으로 정교인이 많은 나라에서는 독립교회를, 어느 정도의 신자가 있는 곳에서는 자치교회를 세울 수 있다고 한다.

프랑스 혁명 후 민족주의가 고양되는 바람을 타고 당시 오스만 제국의 통제를 받던 콘스탄티노플 교회로부터 이탈이 이어져 1833년 그리스 정교회의 독립 선언을 시작으로 세르비아 정교회(1879), 루마니아 정교회(1885), 불가리아 정교회

(1860) 등이 독립교회가 되었다. 이스탄불에는 여전히 콘스탄티노플 총대주교청이 있으며 우리나라 한국정교회는 콘스탄티노플 총대주교청의 관할 하에 있다.

세르비아 정교회

세르비아 정교회는 네마냐 왕조로부터 뿌리를 내렸다. 왕조를 연 스테판 네마냐는 왕위에서 물러난 뒤 수도자가 될 정도로 그리스도교 신앙이 깊었다. 그의 아들 성 사바가 아버지를 이어 세르비아 교회를 세우고 첫 주교로서 기틀을 닦았다. 세르비아 민족의 화양연화였던 네마냐 왕조의 신심으로부터 비롯된 세르비아의 믿음은 국가(國歌)에도 고스란히 담겨 있다. 4절까지 이어지는 그들의 국가는 절실한 기도 자체인데, 1절만으로도 그들의 간절한 바람을 알 수 있다.

> 정의로우신 하느님, 지금까지 우리를 파멸에서 구해주신 당신,
> 변함없이 우리의 목소리를 들어주시고, 영원히 우리의 구세주가 되어주소서.
> 전능하신 손길로 이끌어주시고, 지켜주소서, 세르비아 민족의 앞날을.
> 하느님, 지켜주소서, 구원해주소서, 세르비아 땅과 세르비아 민족을!

세 개의 종교(가톨릭, 정교회, 이슬람)가 혼재한 발칸유럽에서 세르비아와 불가리아, 몬테네그로 등은 정교회 지역으로 볼 수 있는데 이 나라에서는 교회와 국가가 거의 동의어로 여겨졌다. 성직자들은 국가를 지키는 데 앞장섰고 왕들 역시 종교의 수호자이자 신실한 정교도였다. 세르비아 네마냐 왕조의 여러 왕들은 세르비아 정교회 성인들로서 거룩한 가계를 이루고 있다. 1389년 코소보 들판에서 이슬람 세력과 격돌한 라자르 흐레벨랴노비치 역시 왕비 밀리카와 함께 시성되었다. 불가리아 역시 마찬가지였다.

이런 경향은 훗날 정교회의 '쌍두독수리'를 가져간 러시아 정교회에서도 이어졌다. 러시아의 마지막 차르로 1918년 소비에트에 의해 불행한 죽음을 당한 니콜라이 2세와 그 가족들 역시 2000년 8월에 러시아 정교회 성인으로 시성되었다.

세르비아 정교회는 1879년 정교회 세계 총대주교에 의해 독립을 인정받아 총

세르비아 국기에도 쌍두독수리가 그려져 있다. 4개의 'C'는 "오직 단결만이 세르비아인을 구원할 수 있다(세르비아어로 Samo Sloga Srbina Spasava)"라며 일치를 호소한 성 사바의 문장에서 딴 것으로 세르비아에서 흔히 볼 수 있는 상징이다.

대주교좌 교회로 격상되었다. 세르비아 총대주교의 공식 직함은 페치의 대주교 겸 벨그라드와 카를로브치 관구장인데, 총대주교좌는 성 사바(1219~1233)로부터 이어져 이리네(2010~)에 이르고 있다.

세르비아 정교회
수도원에 가다

동방교회 수도원은 여전히 배타적이다. 예를 들어 거룩한 수도승의 오래된 근거지인 그리스 아토스산은 여성의 출입이 금지되어 있다. 오랜 옛날부터 그랬고 지금도 그렇다. 심지어 짐승의 암컷조차 들어갈 수가 없다. 21세기에도 말이다. 그곳만이 아니라 정교회 수도원 중에는 이런 전통이 여전한 곳이 많다. 예루살렘 부근의 전설적인 수도원 마르사바 역시 그렇다.

그 안의 삶은 어떻게 굴러갈까 무척 궁금해진다. 시간은 21세기인데, 그들의 생각은 어디쯤에서 굴러가고 있을까. 급속히 발전해 온 과학 문명과 그 속도만큼이나 변하고 있는 사람들의 정서, 삶의 형태 등이 그 수도원들에서는 어떤 영향도 끼치지 못하는 것일까. 여전히 오래전 세계를 간직한 채 존재하는 것 같아서 동방의 수도원은 더 궁금해지고, 한편으로는 어떤 그리움과 동경, 혹은 연민을 불러일으키기도 한다.

정교회 수도원 성당에서 미사를 드리고 싶었다. 많은 것이 낯설어서 조심스럽지만 그들의 거룩한 예배 공간에서 우리들의 신을 경배하고 싶었다. 하지만 정교회 사람들은 서방교회 신자들에게 친절하지 않다. 때로는 거부가 느껴지기도 한다. 발칸의 정교회 성당에서 미사를 드리는 건 가능한 일이 아니었다. 물론 반대의 경우도 마찬가지일 것이다. 과거의 갈등과 상처 때문에 수백 년이 지난 지금까지, 전혀 아무 관계도 없는, 아무 문제도 없는 21세기의 우리가 서로에 대해 거부감을 가질 수도 있다는 사실이 놀라웠다. 그리고 슬픈 일이었다. 왜 우리가 서로에 대해 마음을 열고 가까이할 수 없는 것인가. 이렇게 바보 같은 일이 또 있을까. 서로를 이어주는 '다리'가 되어야 할 종교가 도리어 서로를 갈라놓는 셈이었다.

'일곱 왕의 도시' 크랄례보

주유소 하나, 카페 하나, 교회 하나가 보이는 마을들을 지나 '일곱 왕의 도시' 크랄례보에 닿았다. 스쳐 지나는 마을마다 마당 가득 꽃을 가꾸는 그만그만한 집들이 이어졌다. 어마어마한 마천루와 쪽방촌이 곳곳에 공존하는 최첨단 문명국에 사는 이에게 '그만그만한' 집들은 돌아가기 어려운 그리움 같은 것이었다.

브랜드 아파트 사람들이 원래부터 있었던 길을 막아, 주변 아이들이 학교를 가려면 아파트를 빙 돌아야만 갈 수 있는 나라, 임대 아파트 입주를 반대하는 시위를 하는 나라. 과거의 님비가 '핵폐기물처리장, 하수종말처리장, 쓰레기매립장, 화장장, 범죄자 수용소, 정신병원'처럼 명확하게 혐오시설을 겨냥했다면, 오늘 목격하게 되는 현상은 실로 인간성의 타락을 여실히 보여주는 슬픈 님비다. 그게 지금 우리가 사는 도시의 현재다. 가난한 사람들은 서글프고 서러워서 어깨 한 번 펴기도 힘든 세계다. 말로 다 할 수 없이 고통스러운 일이다. 그러니 '아직' 가난한 나라의 그만그만한 집들

크랄례보의 유일한 가톨릭 성당은 돌보는 이 별로 없어 거의 방치된 채였다. 몇 해 전 지진으로 여기저기 금이 가기도 했지만 워낙 신자가 없다 보니 보수는 엄두도 못 내는 것 같았다. 세르비아인의 85퍼센트가 정교인이고, 가톨릭은 5퍼센트 정도다. 그곳 신자들이 실제적인 가난에서 은총의 샘물을 마시기를, 영원한 생명의 샘에 머물기를 기원했다.

은 부럽기까지 한 풍경이었다.

가을 햇살이 나뭇잎 곱게 물들이는 길을 걸어 크랄례보의 유일한 가톨릭성당을 찾았다. 벨그라드 교구에 속한 성당에 들어서자 여기저기서 한숨이 들렸다. 너무나 부서지고 낡고 망가진 성당이었다. 2012년에도 크랄례보에 진도 5.5의 지진이 발생했지만 가톨릭 신자가 극히 소수이다 보니 돌보는 손길도 적을 수밖에 없었다. 안토니오 성인이 여전히 아기 예수님을 안고 계셨다. 미카엘 천사에게 봉헌된 성당은 성전의 아름다움이란 찾아볼 수가 없었다. 벽은 부식되고 붕괴를 막기 위해 설치한 철 구조물에 철 지난 꼬마전구들이 매달려 있었다. 조악한 조화가 놓인 성상과 언제 적 초인지도 알기 어려울 만큼 오래된 부활초가 있었다.

그곳에서 아름다움을 찾는 건 도리어 사치 같기도 했다. 그저 장소가 문제가 아니라 우리의 마음과 행위가 문제일 뿐이라며,

"두 사람이나 세 사람이라도 내 이름으로 모인 곳에는 나도 함께 있다."(마태 18,20)는 말씀에 기대고 싶어졌다. 그럼에도 씁쓸함은 남고 연민이 밀려들었다.

세르비아 사람들의 고향 같은 지차 수도원

냉전시대 동안 소련의 위성국가였기 때문에 세르비아에 대한 인상은 더더욱 위태롭고 의구심을 자아냈다. 그런데 그 삼엄한 이미지의 나라에 와서, 더욱이 낯설기 그지없는 세르비아 정교회의 수도원을 찾아가게 되다니 여러 겹의 감정이 먼지를 털고 풀썩였다.

　하지만 동방교회의 수도원 전통은 그리스도교 전체에 자양분을 제공하는 깊고도 풍성한 뿌리였다. 제2차 바티칸 공의회에서는 가톨릭 신자들에게 권고했다.

> 동방에는 특히 수도 생활이 드러내는 저 풍요로운 영성 전통이 있다. 거기에서는 실제로 거룩한 교부들의 빛나는 시대부터 저 수도 영성이 꽃피었고, 뒤에 그 영성이 서방으로 흘러들어 이를 원천으로 삼아 라틴계 수도회가 생겨났으며, 그다음에도 동방에서 거듭 새로운 힘을 받아 왔다. ……동방교회들의 극히 풍부한 전례와 영성 자산을 이해하고 존중하고 보존하고 육성하는 것이 그리스도교의 완전한 전통을 충실히 지키고 동서 그리스도인들의 화해를 이루기 위하여 매우 중요하다는 사실을 모든 이가 알아야 한다.
> ─제2차 바티칸 공의회 〈일치운동에 관한 교령〉 15항

　세르비아 정교회 수도원에 가는 것은 책 속에 있고 가르침 속에 있지만 현실에서는 여전히 낯선 것들, 낯선 말들, 그 낯섦 속으

밝은 햇살 아래 수도원 건물의 붉은빛이 더 선연했다. 좀 당황했다. 이 또한 선입견의 결과였다. 세르비아 정교회에는 다채로운 색이 없을 줄 알았다. 유튜브에서 검은 옷을 입은 수도승들의 영상을 봐서 그랬겠지만 세르비아 정교회 수도원의 저토록 어여쁜 붉은색과 하얀색 건물은 정말 뜻밖이었다.

로 들어가는 길이었다. 세르비아 사람들의 고향 같은 지차 수도원은 크랄례보에서 6킬로미터 정도 떨어진 크루세비카 마을 들판에 펼쳐져 있었다. 네마냐 왕조를 연 스테판 네마냐 왕의 아들 성 사바가 1206년 아토스의 힐란다르 수도원에서 돌아와 1208년에서 1230년 사이에 세운 이 수도원은 세르비아 정교회가 독자적인 뿌리를 내린 곳이다. 1219년 세르비아 정교회는 비잔티움 제국으로부터 자치권을 획득해 오흐리드 교구로부터도 독립했는데, 당시 지차 대주교였던 성 사바가 세르비아 교회를 이끌며 독립적인 지위를 확보했다.

밝은 햇살이 비치는 지차 수도원의 붉은색과 흰색은 더욱 강렬하고 순정해보였다. 사실은 좀 당황스러웠다. 붉은색이라니, 수도원에 붉은색이라니. 더욱이 지상의 삶에서는 죽고 천상을 추구한다는 의미로 검은색 수도복을 입는 정교회 수도원이 그토록 타오르는 붉은색이어서 많이 뜻밖이었다. 그 붉은색은 초기 교회 순교자들의 피를 상징하는 아토스 산 수도원의 전통에 따른 것이라고 했다. 바로 그 붉은 순교자들의 피 위에 그리스도교가 세워졌다. '순교자들의 붉은 피'만으로도 숙연해지는데 지금은 여기에 세르비아의 수난, 이 수도원이 겪어온 힘겨운 역사까지 더해져 붉은색이 마치 선혈처럼 생생하다.

크지 않은 규모지만 장엄하기 이를 데 없는 성당을 둘러보는데 어디선가 종소리가 울리기 시작했다. 밖으로 나가보니 이슬람 여성의 차도르처럼 얼굴만 빼꼼 내놓는 길고 검은 베일과 땅까지 끌리는 검은 수도복을 입은 한 수녀가 기도시간을 알리는 세만트론을 치고 있었다. 창백할 정도로 새하얀 그의 손끝에서 거룩한 기억을 일깨우는 날갯짓이 시작되었다. 아주 오래전부터 사용되어 닳고 닳은 나무판과 금속판은 바람과 망치와 타종하는 이의 손짓이 빚어낸 화음으로 사람들을 끌어당겼다. 종소리, 저 종소리들. 오스만 제국 시절 종을 치는 것이 금지되는 바람에 세만트론은 지역 사정에 따라 여러 모습으로 변형되어 더 많이 사용되었다고 한다.

1217년 지차 수도원에서는 스테판 네마냐의 둘째아들 스테판의 왕위 즉위식이 거행되었다. 그는 교황 호노리오 3세의 승인을 받아 '최초로 왕관을 쓰고 왕위에 오른 자'라는 의미의 '프르보벤차니'로 불렸다. 이 수도원에서 '기름을 바른' 후에야 왕으로 인정을 받았기 때문에 이 지역의 이름이 '왕의 도시'라는 뜻의 크랄례보가 되었다. 도심을 흐르는 강변에는 '일곱 개의 왕관'을 형상화한 꽃밭이 있었다. 세르비아 왕국을 탄생시킨 밀란 오브레노비치도 지차 수도원에서 대관식을 하였다.

일곱 왕이 지차 수도원에서 왕위에 올랐다. 일곱 개의 왕관이 있었고 그 뒤에 일곱 개의 문도 있었다. 전하는 얘기에 따르면 왕

기도시간을 알리러 세만트론을 치는 정교회 수도자. 나무판이나 다양한 형태의 금속판 악기인 세만트론은 오스만 제국이 수도원에서 종을 치지 못하게 해 더 사용하게 되었다고 한다. 교회와 수도원만이 아니라 지역의 행사나 적의 침입, 장례식 등 마을사람들의 일상생활에도 자주 쓰였다. (왼쪽 사진_김검순 테레시타 수녀)

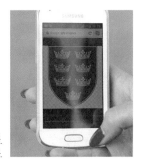

로컬가이드가 보여준 크랄례보 시 문양, 일곱 개의 왕관.
왕관만큼이나 붉은 가이드의 매니큐어가 더 인상에 남기도 했다.

위에 오르는 이는 새로 만든 문을 통해 수도원으로 들어갔고, 통치가 끝나면 이 문은 막아서 봉쇄되었다고 한다. 문은 왜 매번 새로 만들어졌을까. 그리고는 왜 왕의 통치가 끝나면 다시 막아버렸을까. 800년 전 세르비아의 푸릇한 그리스도교 신앙은 이제 신비

성 사바의 모자이크가 새겨진 지차 수도원 입구 천장에도 프레스코화가 빼곡하게 채워져 있다. 사도 베드로와 바오로, 그리고 성모마리아와 함께 있는 무수한 성인과 천사들.

로운 이야기들을 남기고 있다. 궁금해진다. 왜 그랬을까. 무슨 뜻이 있었던 걸까. 그래서 이 수도원은 '일곱 개의 문을 가진 지차'라고도 불린다고 한다.

세르비아의 종묘 스투데니차 수도원

일곱 왕의 도시 크랄례보를 떠나 스투데니차 수도원을 찾아가던 날은 가을이 한참 깊어가는 중이었다. 이바르 강줄기를 따라 구불구불 좁은 골짜기가 이어지는 길에 노란 꽃이 피고 노란 단풍이 물들고 있었다. 불가리아 사람들에게 릴라 수도원이 그렇듯 세르비아 사람들에게는 스투데니차 수도원이 영화로운 과거와 현재를 이어주는 거룩한 장소였다.

성 사바의 아버지이자 네마냐 왕조를 연 스테판 네마냐는 자신들의 영원한 안식을 위해 교회를 지어 성모마리아에게 봉헌하고자 했다. 1196년 그가 왕좌를 떠나 아토스 산의 수도승이 된 후 부칸 왕자가 아버지의 뜻을 따라 성당을 짓고 대대로 네마냐 왕조 사람들이 안치되었다. 스테판 네마냐와 그의 아내 아나스타샤, 그들의 손자인 스테판 라도슬라프 등이 묻혀 있는 스투데니차 수도원은 말하자면 세르비아의 종묘이자 스페인의 엘 에스코리알(El Escorial) 같은 그들의 거룩한 무덤이었다.

현재까지도 이어지는 세르비아주의의 바탕인 네마냐 왕조는 가장 넓은 영토를 확장하며 경제적 · 문화적으로 부흥했다. 또한 세르비아 독립정교회를 세움으로써 세르비아인들의 정신 깊이 함께하고 있었다. 무엇보다 네마냐의 아들인 라스트코는 사바라는 이름으로 수도승이 되어 훗날 세르비아 독립대주교구를 설치했다. 네마냐 왕조는 거의 모든 왕이 세르비아 정교회 성인으로 공경받

세상으로부터 떠나와 깊은 골짜기에 세운 스투데니차 수도원 외관은 성곽처럼 단단해 보인다. 네마냐 왕조를 연 스테판 네마냐가 영원한 안식을 구하고 있는 이 '거룩한 집'에는 그의 아내와 그의 뒤를 이은 세르비아 왕가 사람들도 함께 묻혀 있다. (사진_김겸순 테레시타 수녀)

성모성당으로 들어가는 길.

고 있는 '성스러운 가계'이기도 하다.

버스가 모라비차 강과 스투데니차 강의 원류를 끼고 있는 골리야 산자락의 한적한 들판에 멈췄다. 사람들의 소음이나 도시의 번잡함은 완벽하게 멀리 있었다. 저 아래 어디쯤으로 스투데니차 강이 흐르고 있을 터였다. 여러 종의 활엽수와 침엽수 숲이 수도원을 감싸 안은 풍경이었다. 푸른 풀밭에 만들어놓은 나지막한 나무 계단을 올라서자 견고한 성벽이 드러났다. 대략 지름 115미터 정도인 성벽으로 둥글게 둘러싸인 수도원은 투박하고 단순한 외벽과는 달리 무척 다정다감한 공간이었다. 지금은 성모성당과 왕의 성당만 호젓하게 남아 있지만 과거에는 대단한 위용이었다고 한다.

수도원에는 정교회 순례자들이 많이 보였다. 스카프를 두르고 긴 치마에 긴 외투를 걸친 젊은 처자들과 지긋한 연배의 아주머니들이 초를 사들고 귀가하고 있었다. 검은 옷을 입은 수도자들이 정원 한쪽의 작은 테이블에 수도원의 오랜 전통대로 순례자를 환대하는 라크와 과자 등을 내놓았다. 40도가 넘는 독주 한 모금이 목으로 흘러들어가자 금세 몸이 따뜻해졌다.

흰색 대리석으로 장식된 성모성당의 나르텍스는 사람들의 삶과는 전혀 무관한 운명처럼 냉엄한 표정이었다. 이 돌들의 공간에 사람이 모여들고 예배가 시작되면 비로소 온기가 돌며 지상의 인간과 천상의 천사들이 하느님을 찬미하고 찬양하는 전례에 함께할 것이다. 미카엘과 가브리엘 천사를 좌우에 둔 성모마리아가 왕좌에 앉아 있는 본당의 아치 입구를 들어서니, 갑자기 무수한 성인들의 프레스코화가 다른 세계처럼 펼쳐졌다. 비록 색이 바라고 형체가 아득해졌지만 많은 성인과 함께 천상의 예배에 참여하는 야곱의 사다리였다.

아버지 스테판 네마냐의 영원한 안식을 위해 성 사바가 직접 선

스투데니차 수도원을 찾은 정교회 순례자들. 그들은 예배 때에 가톨릭 여성 신자들이 미사보를 쓰듯이 스카프를 두른다.

택한 주제를 아토스에서 함께 온 라슈카파 화가들이 가장 거룩하게 표현해놓았다. 나르텍스에서 왼쪽 오른쪽으로 작은 경당이 있고, 거기서 바로 신랑(身廊)으로 들어갈 수 있는 구조였다. 신랑 가득 벽과 천장을 채운 프레스코화 가운데 '푸른 골고타'가 있었다.

인터넷에서 골고타의 그 푸른 저녁을 봤을 때 가슴이 이미 쿵쾅거리고 있었다. 푸른 저녁의 골고타에는 영원한 하늘나라가 있었다. 비잔티움 모자이크에 흔히 쓰이는 황금빛 배경이 아니라 푸른 저녁이 표현된 프레스코화는 극히 드문 것이어서 나는 내 영혼에만, 내 영혼의 어느 골방에만 그 저녁이 새겨진 것일까 생각하곤 했다. 분명히 '푸르스름한 저녁'에 대한 기억이 있었다. 그런데 어디서도 만날 수가 없던 그 색을 스투데니차 수도원에서 만나게 된 것이다. 청금석이 빚어낸 저녁, 그 푸른 빛깔을.

그 저녁이란 어쩌면 "주 하느님께서 저녁 산들바람 속에 동산을 거니시던"(창세 3,8) 그 마지막 밤의 아련한 기억인지도 모른다.

하얀 대리석으로 지어진 성모성당 나르텍스는 좀 휑뎅그렁하기도 했다. 그러나 공간은 사람의 온기로 금세 활기를 찾고 기도가 시작되면 천상으로 향하는 문을 열 것이다.

그 마지막 만남. 창조주 하느님과 인간의 이별의 순간. 그 밤, 크 나큰 고통이지만 뭐라고 형언하기 어려운 달콤함이 공존하는, 고 통이지만 새로운 기쁨을 잉태한 듯한 어떤 밤. 밤이라기에는 저녁 에 대한 이미지가 종종 뛰는 듯한 가슴에 펄펄 날갯짓을 하곤 했 다. 바로 그 저녁이었다. 예수님은 십자가에 매달려 있고, 어머니 마리아와 사랑하는 제자와 또 다른 여인들이 그 발치에 서서 영원 을 관조하는 정적인 고통의 절정이었다. 실은 거기서 생명의 물길 이 터져 나오고 있음을, 이미 모두 아는 듯 평정이 흐르고 있는 침 묵의 순간이었다.

1314년 요아킴과 안나 성인에게 봉헌한 왕의 성당에는 그들의 딸인 성모마리아의 생애가 그려져 있었다. 왕의 성당 성화벽은 독 특하게도 벽 위쪽에 원형의 성화가 이어지고, 그 위로 최후의 만 찬과 십자가의 예수님이 이어져 있었다. 스테판 네마냐는 왕위를 둘째아들 프르보벤차니에게 물려준 후 아토스 산에 세운 힐란다

'십자가에 못박히심.' 청금석이라고 번역되는 라피스라줄리는 당시에도 너무나 비싼 재료여서 예수님과 성모마리아 등 극히 소수를 위해서만 사용되었다. 고귀한 재료로 채색한 프레스코화 속의 그 밤은 수백 년이 지난 지금까지 신비를 간직한 채 푸르다.

르 수도원으로 들어가 은수자가 되었다. 그런데 프르보벤차니와 큰아들 부칸 사이에 권력싸움이 일어나고 말았다. 힐란다르 수도원에 머물던 동생 사바는 둘째형의 도움 요청에 아버지 네마냐의 유해를 모셔와 스투데니차 수도원에 안치함으로써 프르보벤차니의 손을 들어주었다. 덕분에 네마냐 왕조는 보다 정당성을 얻으며 공고해졌다.

세르비아 사람들은 성당에 들어와 촛불을 켜고 왕의 관 앞에서 기도했다. 아직도 큰 영향력을 가진 왕이자 성인인 이의 무덤이 참 소박했다. 세르비아 민족주의의 뿌리이기도 한 수도원이 이토록 고요하고 조촐하다는 사실이 세르비아에 대한 거부감을 또다시 누그러뜨렸다. 세르비아에서 가장 크고 가장 부유하다는 수도원인데, 서유럽의 찬란한 고딕 성당들까지 갈 것도 없이 불가리아 정교회의 성소인 릴라 수도원만 생각해봐도 그 규모나 분위기가 너무나 아담하고 단아했다.

성모마리아의 생애가 가득 그려진 '왕의 성당'에는 이 성당을 지어 봉헌하고 있는 밀루틴 왕의 모습도 프레스코화에 담겼다.

성 사바가 수도원을 봉헌한 기록을 들고 있는 프레스코화 곁으로 아버지 스테판 네마냐의 소박한 관이 있다. 세르비아 사람들의 '화양 연화'였던 네마냐 왕조의 시조 스테판 네마냐는 훗날 아토스 산으로 떠나 수도승이 되었다.

세르비아인들의 거룩한 무덤에 다녀가는 길. 하늘은 파랗고 흰 구름이 떠다녔다. 세르비아에 대한 생각이 많이 바뀌고 있었다. 크랄례보의 호텔 사람들도, 수도원에서 스치는 수도승들도 무척 친절했다. 그들의 상처에 대해서도 연민의 마음으로 생각해보게 되었다. 가끔 산꼭대기에 십자가가 세워져 있고, 길가에 죽은 이를 기억하는 표지와 꽃이 놓여 있었다.

거칠지만 영원이 느껴지는 소포차니 수도원

역시 왕의 묘지로 지어진 소포차니 수도원 성당 입구에는 나무로 만든 러시아 양식 십자가가 오후의 빛을 받고 있었다. 이바르 강을 따라 이어지는 왕들의 골짜기에는 세르비아 왕들의 의지로 건축된 수도원이 여럿 있었다. 이 수도원 역시 1260년 우로슈 1세가 부모님의 유해를 모시고 훗날 자신의 묘지로 삼기 위해 지어 삼위일체께 봉헌한 곳이었다. 그의 부모는 스테판 네마냐의 둘째아들이었던 네마지치와 제4차 십자군 당시 콘스탄티노플을 탈취한 엔리코 단돌로의 손녀 안나였다. 이 수도원에도 많은 건축물이 있었다고 하지만 남은 것은 성당밖에 없다.

1689년 오스만 제국 군대가 수도원에 불을 지르고 훼손했다. 몇몇 수도승이 수도원의 보물을 숨겨 코소보 지역으로 탈출했는데 다시는 돌아오지 않았다. 돌아오지 못했다. 거의 200년 동안 방치된 수도원은 서서히 폐허가 되어갔다. 우로슈 1세가 부모와 함께 안식을 취하던 지하 납골당은 파묻혔고, 돔은 무너져 내렸다. 돌무더기와 흙으로 덮여 있던 수도원은 20세기가 되어서야 복원이 시작되었다.

성당 안에는 사방 벽과 천장에 프레스코화의 거대한 인물들이 가득했다. 기골이 장대한 세르비아 청년들을 보는 듯했다. 프레스코화에는 성자만이 아니라 세르비아 왕가 사람들도 그려졌다. 세르비아의 신앙만이 아니라 그들의 역사도 기록되어 있었다. 오래된 프레스코화에서 사도들은 다시 길을 떠날 채비를 하고, 복음사가들은 여전히 자신이 기억하는 예수님의 복음을 선포하고, 성인들은 예수 그리스도의 말씀을 '살기' 위해 다가올 시간을 기다리고 있었다. 그들은 형형한 눈빛으로 침묵하고 있었다. 자신들이 침묵 속에서 전하는 말을 누군가 알아듣기를 기다리는 눈빛이었다.

바로 지금 여기에서, 어제 내가 그랬듯이 오늘은 네가 그렇게 하기를 그들은 기대한다. 어제 내가 영혼을 두드린 분에게 마음의 자리를 내드리고 그를 주인으로 받아들인 것처럼 오늘은 네가 강퍅한 마음을 열기를 그들은 간절히 기다린다. 무엇이 그런 개방을 가능하게 했는지 묻는 것은 별로 필요하지 않다. 오직 침묵 속에서 답을 얻을 수 있을 뿐이다. 침묵처럼 한처음에 존재했던 그가, 그 말씀이 사람이 되어 나에게로 왔다. 그가 삶의 모범을, 길이며 생명이며 진리인 모범을 보여주었다. 그 순간 성령이 그의 마음을 노크했던 것처럼 "내 마음에 날 부르셨다."

루블료프의 이콘 〈삼위일체〉가 그려진 소포차니 수도원 입구

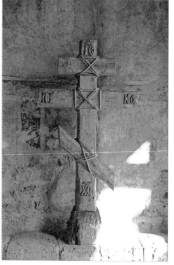

소포차니 수도원의 세만트론들과 러시아 양식 십자가. 오랫동안 방치되었던 수
도원에 지금도 수도자들이 산다.

그토록 낡은 프레스코화들, 다만 시간 때문만이 아니라 이런저런 이유로 훼손되고 복원되어온 그 그림들은 그리스도교 교회의 지나온 자취와도 같았다. 상처입고 쓰라린 불면의 밤을 겪으면서 또다시 새벽의 빛으로 소생해온 교회. 불완전함과 악행과 부끄러움, 갈등과 분열과 수치스러운 행위들, 폭력적이기도 하고 기만하기도 하고 때로는 세상을 오염시키기도 했다. 온전하게 복원되지 않은 그 그림들이 죽었다가 다시 피어나는 숲처럼 거칠지만 안온하게 나를 감싸안았다. 부드럽지 않지만 영원이 느껴졌다. 상처가 내 상처 입은 가슴을 바라보았다. 침묵만이 가득한 그 순간 위로가 가득했다. 소포차니 수도원 성당에서 프레스코화를 마주하고 선 순간은 단순히 유네스코 세계유산으로서의 가치만이 아니라 그 오래된 사람들의 믿음에 초대된 것이었다.

머물 수 없어 아쉬운 마음이었다. 하지만 낙엽 지는 수도원 뒤뜰에 가득 찬 가을을 보았고, 무너진 폐허로부터 또다시 시작되고 있는 어떤 시간들의 흔적을 보았고, 돌담 아래 어여쁘게 피어난 장미꽃을 보았으니 됐다. 아쉬운 마음을 달래주려는 듯 수도원을 나와 달리는 버스에서 바라본 낮은 산 위에 프레스코화의 길쭉길쭉한 성인들 같은 바위들이 배웅을 해주었다.

벨그라드, 하얀 상흔

죽어서도 살아 있는 성 사바

거친 바람에 가로수 잎들이 정신없이 흔들리는 벨그라드의 아침이었다. 춥고 비가 내렸다. 수없이 파괴되었다가 수없이 복구되었다는 발칸의 하얀 도시 벨그라드였다. 현대에 접어들어 세르비아가 음험한 국가로 회자되다보니 그 수도인 벨그라드 역시 별로 주목을 받지 못한 채 간과되어 왔다. 벨그라드 사람들이 사랑하는 칼레메그단은 100번이 넘는 전투가 치러진 격전지였고, 요새는 40번 이상 파괴되었다가 재건되곤 했다. 벨그라드를 '하얀 요새'라거나 '하얀 도시'라는 이름으로 불리게 하는 칼레메그단은 그냥 보통의 벽돌색 요새다. 그 이름의 근거를 요네하라 마리의 《프라하의 소녀시대》(마음산책, 2017)에서 한 유고슬라비아 소녀가 전해준다.

"14세기에 오스만투르크인들이 쳐들어왔을 때 ……동이 틀 무렵 강의 수면에 우윳빛 안개가 피어올랐습니다. 안개에 휩싸인 도시는 때마침 밝아오는 태양 빛을 받아 반짝반짝 하얀빛을 발합니다. 이 아름다운 광경에 넋을 잃은 터키 병사들은 전의를 잃고 말

'하얀 요새', '하얀 도시'라는 이름을 얻은 요새 칼레메그단에서 내려다보는 풍경. 사바 강과 도나우 강이 저기 어디쯤에서 합류한다.

았습니다. 그날의 습격은 수포로 돌아갔고 이런 사유로 하얀 도시라고 불리게 되었어요. 하지만 이 도시는 결국 터키 군에 함락당하고 말았지요."

사바 대성당을 스쳤다. 발칸에서 가장 큰 규모라는 정교회 성당이었다. 우리나라에 유행처럼 번져온 메가처치(megachurch) 때문에 남의 나라에 와서도 괜히 씁쓸했는데, 사정을 알고 보면 어느 정도 수긍이 되는 건축이기도 했다.

성 사바는 세르비아인에게 가장 영광스러운 역사인 네마냐 왕조를 연 주인공 가운데 한 사람이다. 당시 세르비아 교회(정교회)는 콘스탄티노플이나 오흐리드의 관할 아래 있었는데, 그들은 세르비아를 야만적이라고 생각하며 대수롭게 여기지 않았다. 서방교회로부터의 압력도 만만치 않았다. 네마냐 왕조를 시작한 스테판 네마냐의 아들이었던 사바는 세르비아 교회를 독자적으로 일궈 교회를

살아서도 죽어서도 세르비아 사람들에게 헌신한 성 사바. 그리하여 그 옛날에도 지금까지도 세르비아 사람들의 사랑을 받는 성 사바. 아버지 스테판 네마냐와 함께 스투데니차 수도원 왕의 성당 프레스코화에서 만날 수 있다.

발전시키고 나라를 안정시켰다. 이 시기에 사바는 "오직 단결만이 세르비아인을 구원할 수 있다(Samo Sloga Srbina Spasava)."라며 일치를 호소했는데, 이 문장에서 딴 네 개의 'S'는 오늘날까지도 세르비아에서 흔히 볼 수 있는 상징물에 많이 쓰인다.

사바는 성지 예루살렘을 두 번 순례했는데 두번째 순례에서 돌아오던 1237년 불가리아에서 세상을 떠나 나중에 유해가 벨그라드로 옮겨졌다. 16세기 후반이 되자 오스만 제국의 시스템에 균열이 생기기 시작했다. 특히 과도한 세금 때문에 여기저기서 반발이 커졌다. 그 와중에 1593년 오스트리아와 전쟁이 발발하자 이듬해 세르비아 사람들도 바나트에서 성 사바의 깃발을 앞세우고 봉기했다. 페치의 총대주교가 세르비아인들을 고무했다.

오스만 제국의 시난 파샤는 이에 대한 보복으로 1594년 4월, 세상을 떠난 지 벌써 수백 년이 지난 성 사바의 관과 유물을 밀리셰

바 수도원에서 벨그라드로 가져오도록 하여 그의 유골을 공개적으로 불에 태워버렸다. 세르비아인에게 성 사바가 어떤 의미인지를 간과한 어리석은 짓이었다. 세르비아인의 심장에 각인된 이날의 분노는 결국 1995년 스레브레니차 학살이나 1999년 코소보의 무슬림 집단학살 당시 활화산처럼 터져나오기도 했다.

300년이 지난 1895년 사바의 유골이 불길에 가루가 된 바로 그 자리에 교회를 짓기 위한 조직이 설립되었다. 1935년부터 건축이 시작됐지만 세계대전과 유고전쟁 등을 겪다 보니 공사는 난항을 거듭해왔다. 마침내 2017년 종과 창문이 설치되고 외관이 완성되었다. 2018년에는 쿠폴라가 자리를 잡았다.

죽어서까지 이런 곤욕을 겪은 성 사바에 대해 세르비아 사람들이 갖는 감정은 각별할 수밖에 없다. 그는 성자전에도 자주 등장하는데 때로는 초인적 면모로 그려지기도 하고, 십계명을 받은 시나이산의 모세처럼 묘사되기도 한다. 세르비아인들이 자신들의 고귀하고 거룩한 민족성을 성 사바에게 반영하고 있는 셈이다. 반면에 민중설화에 등장하는 사바는 영웅이나 신적인 존재가 아니라 우리 주변의 평범한 존재로 그려진다. 살아생전 수도원에서 젊은 후예들을 관대하고 따뜻하게 가르친 목자였듯이 성 사바는 오늘도 세르비아 사람들을 가르치고 키우는 목자로서 그들의 일상에 존재한다.

그는 푸른 목장 위에서
한 무리의 돌을 보살핀다
그는 조상의 붉은 동굴 안에서
모든 돌이 새끼를 낳을 수 있도록

도와준다

그가 거니는 곳마다

무리가 그를 따르고

언덕들이 돌 발자국 소리로 메아리친다

그는 노랗게 격리된

개간지에 멈춰 서서

돌들의 젖을 하나하나 짠다

그러고는 그의 늑대들에게

무지개의 일곱 색깔을 띤

이 두터운 돌 우유를 마시게 한다

그대가 돌 우유를 마시면

강한 이빨과 비밀의 날개들이 자랄 것이다

–바스코 포파, 《절름발이 늑대에게 경의를》에서 〈목자 성 사바〉 전문

니콜라 테슬라는 어디에 묻혀야 할까

사바 성당은 발칸 지역의 정교회 성당 가운데 가장 큰 규모다. 얼마 전에는 이 대성당 앞마당에 니콜라 테슬라(Nikola Tesla)를 이장하는 문제로 종교계와 과학계에 때아닌 논쟁이 벌어지기도 했다. 에디슨을 능가하는 천재로 평가받고 있는 테슬라는 오스트리아-헝가리 제국 출신이자 유고연방 사람이었다. 크로아티아에서 태어난 세르비아계로 미국 사람이기도 했다. 그가 살다간 약 100년 동안 발칸은 그만큼 격동기였다. 그러다보니 크로아티아나 세르비아나 모두 테슬라를 자국 출신으로 만들기 위해 애쓰는 중이다.

　1943년 미국에서 세상을 떠난 테슬라의 유해는 조카에 의해 세

르비아로 옮겨져 현재 테슬라 박물관의 둥근 구(球)모양 납골함에 안치되어 있다. 이 박물관은 니콜라 테슬라의 엔진과 모형, 개인적인 일기와 사진 등 그의 개인적인 자료까지 만날 수 있는 유일한 곳이다.

그런데 성 사바 성당에서 "세르비아 정교회는 항상 위대한 니콜라 테슬라와 함께 해온 곳으로 그가 안식을 얻기에 가장 적절한 장소"라며 이장 계획을 밝힌 것이다. 박물관에서는 성자도 아니고 고대 왕국의 왕도 아닌 테슬라를 굳이 이장하는 건 결국 관광 수입 때문이라며 반발했다. 테슬라는 어디에 묻히기를 원할까.

기억의 공간 사보르나 대성당

세르비아 사람들이 그토록 사랑하는 성 사바 대성당이 지어지는 중에도 벨그라드 사람들에게 영혼의 안식처이자 시대의 횃불 역할을 해온 것은, 사보르나 대성당이라고 불리는 미카엘 대천사 대성당이었다. 이미 오래전에 미카엘 천사에게 봉헌된 교회가 있었다는 기록이 1573~1578년경에도 있었다. 1798년에는 큰불로 피해가 극심했는데, 가까스로 1813년경부터 복구가 시작되어 1837~1845년에 오늘의 모습으로 완공되었다.

사보르나 대성당에서는 국가적으로 중요한 종교행사도 많이 치러졌다. 세르비아 군이 보스니아에서 인종청소를 자행하던 1992년에는 1만 명의 군중이 평화를 기원하는 야외미사를 드린 후 대주교를 선두로 한 침묵시위를 하기도 했다. 이날 미사에서 대주교는 "우리는 범죄와 증오에 반대하며, 세르비아인들이 직면한 위험을 묵살하고 외면하는 자들을 더 크게 규탄해야 한다."고 말했다. 세르비아 우월주의에 빠져 발칸을 또 한 번 나락으로 빠뜨리

미카엘 대천사 대성당 앞마당에는 코소보 전투를 신화로까지 끌어올린 카라드지치와 오브라도비치의 무덤이 있다. 성당 안에도 세르비아 사람들이 공경하는 많은 사람의 묘지와 유물들이 보존되고 있다.

고 있던 밀로셰비치 대통령의 사임과 내전 종식을 요구하는 국민의 목소리였다.

1389년 코소보 전투로부터 싹이 튼 세르비아 민족주의는 19세기에 신화로까지 확대되었다. 이를 주도한 사람이 언어학자이자 민속문학 연구의 아버지로 불리는 부크 카라드지치였다. 사보르나 대성당 앞마당에는 카라드지치와 세르비아 사상가이자 문학가인 도시테이 오브라도비치(Dositej Obradović)가 묻혀 있다. 여전히 세르비아에 잠재되어 있는 세르비아 민족주의의 유혹이 가장 의미 있는 정교회 성당 마당에 이 사람을 안치한 것은 아닐까 괜한 의구심이 고개를 쳐들었다.

이 성당에는 또 다른 이들의 무덤과 유물들도 있었다. 세르비아의 화양연화였던 네마니치 왕조의 마지막 왕 스테판 우로슈 5세와 코소보 전투의 전설적인 영웅 라자르의 유물이 있고, 제1, 2차 봉기를 통해 오스만 제국으로부터 자치권을 얻어낸 세르비아 공국 초대공작 밀로시 오브레노비치와 그의 아들로 마침내 세르비아를 독립시킨 미하일로 오브레노비치, 그리고 세르비아 정교회 총대주교 등도 이 성당에서 영원한 안식을 누리고 있다. 벨그라드 사람들이 이 성당을 거룩한 공간으로 여기는 것은 그런 이유 때문이기도 했다. 그들에게는 동경과 회한이 뒤섞이는 기억의 장소인 셈이다.

입장료를 내고 들어간 성당은 오히려 낯설었다. 흔히 정교회 성당을 가득 메우는 규범 그대로의 이콘이 아니라 서유럽의 한 성당에 들어선 것처럼 익숙한 성화가 천장과 벽면을 채우고 있었다. 원래 있었던 건물이 18세기 초 오스만 제국의 공격으로 파괴되어 19세기에 다시 지으면서, 비잔티움과 오스트리아의 영향으로 고전주의와 후기 바로크 양식이 함께 반영된 결과였다.

한적한 시간이었다. 한 청년이 성큼 성당으로 들어섰다. 의자가 없는 성당에서 혹시 청년의 기도를 방해할까 한쪽으로 물러섰다. 빈 공간에 담백하게 서 있는 성화대에 입을 맞춘 청년이 미소를 지어보이고 지성소 쪽으로 나아갔다. 일제강점기는 조선의 문화를 뿌리 뽑고 조선인을 일본의 신민으로 재구성하고자 했다. 불과 몇십 년의 지배에도 우리는 엄청난 타격을 입었다. 그 후유증은 아직도 완전히 해결되지 못했다. 수백 년 간 지속된 오스만 제국의 통치기간 이슬람의 압력을 받았고, 그 후에는 가톨릭 세력인 오스트리아의 위협 속에 있었던 세르비아는 혼란의 소용돌이 속에서도 정교인의 정체성을 지켜왔다. 하얀 도시 벨그라드에는 여전히 세르비아인들이 산다. 여전히 세르비아 정교도들이 산다.

사보르나 성당을 전하는 글의 마지막엔 거의 늘 성당 앞 카페 '물음표' 얘기가 이어진다. 성당 맞은편에 있는 이 카페는 말 그대로 '퀘스천마크'인 이름으로 유명세를 치러 왔다. 1824년에 지어진 이 집을 밀로시 오브레노비치가 세르비아 제2차 봉기 때 공을 세운 에짐에게 선물해 그가 카페를 열었다. 벨그라드에서 가장 오래된 카페인 셈이다. 카페는 1878년 '목자들이 머무는 곳'으로 이름을 바꿨다가 1892년에는 다시 '사보르나 성당 옆'이라고 바꿨

엄격한 이콘들로 채워진 정교회 성당과 조금 다른 분위기의 사보르나 대성당은 오스트리아의 영향으로 후기 바로크 양식도 반영되었다.

다. 성당에서 이 이름에 대해 문제를 삼자 카페측은 "그러면 뭐라고 할까?" 하며 '?'라고 이름을 바꿨다. 당시에는 임시로 썼을 수도 있지만 이 이름은 사람들의 관심 속에 오늘날까지 그대로 사용되고 있다. 사보르나 성당 앞에 묻혀 있는 부크 카라드지치를 비롯한 많은 유명인사들이 이 카페의 단골이었다고 한다. 이 카페는 많은 이야기를 간직한 채 지금은 세르비아의 문화재로 보호받고 있다.

검은 산의 땅, 몬테네그로

무수한 도시에 애칭을 붙여준 바이런은 몬테네그로의 자연을 '육지와 바다의 가장 아름다운 만남'이라고 노래했다. 하룻밤을 묵은 몬테네그로의 수도 포드고리차의 아침은 가랑비가 내리고 안개에 젖어 있었다. 제대로 을씨년스러웠다. 젖은 대기 속에 사이프러스와 오래된 아파트들의 검은 더께도 그 아침의 정경과 아주 잘 어울렸다. 짙푸른 나무들 속에 하얀 미나레트의 기둥이 아련한 실루엣으로 다가왔다.

발칸의 여러 나라가 그렇듯 몬테네그로도 나라 이름이 수없이 바뀌었다. 고대 로마로부터 불가리아 제국, 베네치아 공화국, 오스만 제국을 거쳐 오스트리아-헝가리 제국, 이탈리아, 유고슬라비아, 그리고 세르비아-몬테네그로 시절을 거쳐 2006년 6월 마침내 몬테네그로라는 이름으로 독립국이 되었다.

몬테네그로는 '검은 산'이라는 뜻으로 로브첸 산 주변의 숲에 수피가 검은 빛을 띠는 곰솔나무가 많이 자라 붙여진 이름이라고 한다. 이 이름은 베네치아 지배를 받을 때 부르던 것으로, 몬테네그로 사람들은 중세 츠르노예비치 왕조에서 비롯되는 'Crna Gora'라는 명칭을 쓰는데 뜻은 똑같다. 발칸산맥 자락의 여러 나

끝없이 이어지는 거친 산자락 아래 크고 작은 마을들이 자리하고 있는 몬테네그로

라가 겪어온 지독한 운명이 곧 몬테네그로의 운명이기도 했다. 수 없이 독립을 시도하고 또 좌절해온 역사였다.

1910년 독립 군주국을 선포한 니콜라 왕은 자신들의 뿌리가 중세 역사로부터 면면이 이어졌다고 선언했다. "우리는 제타 왕국의 보이슬라프, 미하일로, 보딘의 자손이다. 시간은 이 땅 위에 존재하던 것들을 파괴했지만 자유에 대한 의지와 산악인들의 뜨거운 심장을 파괴하지는 못했다. 오랜 역사의 토대 위에 우리 왕국은 부활하였고, 이 왕국은 여기 천상의 햇빛 아래 반짝이는 우리의 고대 왕국에 그 뿌리를 두고 있다."(김철민·김원회 지음, 《또 하나의 유럽, 발칸유럽을 읽는 키워드》, 한국외국어대학교 지식출판원, 2016)

티토가 죽은 후 유고슬라비아 연방의 운명은 풍전등화였다. 슬로베니아를 시작으로 연방의 다른 나라들이 독립을 시도했다. 1992년 4월 몬테네그로는 세르비아 공화국과 함께 신 유고슬라비아 연방을 구성했다. 티토의 '슬라브 민족은 하나'라는 정신을 내

팽개치고, 세르비아주의로 발칸유럽을 위태롭게 한 세르비아와 손발을 맞춘 것이다. 그 결정으로 몬테네그로는 혹독한 대가를 치러야 했다. 유고슬라비아 내전과 보스니아 전쟁 등에서 몬테네그로는 세르비아와 똑같이 가해자가 되었다. 결국 국제적인 금수조치를 비롯한 외교적 고립으로 고통을 당하며 국민들의 생각이 급속히 달라졌다. 1999년 새로 선출된 밀로 주카노비치 대통령은 자신들 역시 세르비아니즘의 희생자라며 실제적인 독립에 나섰다.

하지만 몬테네그로의 독립은 험난했다. 미국과 EU도 발칸유럽의 안정을 깰 수 있다며 공식적으로 독립을 반대했다. 세르비아 입장에서 몬테네그로는 지정학적이고 경제적인 중요성을 갖고 있었다. 200여 킬로미터의 아드리아 해안을 갖고 있는 몬테네그로를 잃는다는 것은 물류비용의 증가를 의미했다. 모든 물품에 부과되는 관세를 감당해야 하는 것이다. 결국 몬테네그로를 잃으면서 세르비아는 내륙국이 되었다. 2006년 독립국가가 됐지만 몬테네그로 국민들이 강력하게 독립국가를 구현해나가지 않는다면 언제 또 혼란을 겪을지 알 수 없다. 아슬아슬한 역사가 오늘도 몬테네그로를 지나가고 있다.

어디로든 갈 수 있지만 꼼짝없이 갇힐 수도 있는 코토르의 미로

코토르에 다가갈수록 큰 나무가 거의 없는 완만한 돌산이 이어지고 있었다. 몬테네그로에는 "하느님이 천지를 창조하시고 남은 돌덩어리들을 우리나라에다 버렸다."는 (자조적인) 전설이 있다고 한다. 전설만큼이나 거칠고 황폐한 풍경이 코토르까지 이어졌다. 1979년에 코토르는 유네스코 세계문화유산으로 지정되었다. 그런데 바로 그해에 대지진이 구시가의 오래된 건축물을 거의 반이

코토르 구시가에서 만난 '성채로 접어드는 길'이라는 오래전의 표시는 마치 '네 영혼으로 들어가는 길'이라는 말처럼 아득하고도 그렇게 남아 있다. 저 세월의 더께는 마음에 켜켜이 쌓인 무의식을, 이미 잠재되어 버린 무엇들을, 들춰보며 털어내며 살아야 하는 것들을 생각나게 했다. 실제로 성채에는 올라가지 못하고 멀리서 바라보다 왔다.

나 파괴했다. 그나마 남아 있던 역사마저 다시 무너지고 말았다.

비까지 추적추적 내려 코토르는 이래저래 '폐허'의 정경으로 다가왔다. 어떤 이는 코토르를 접하고 '폐허가 더 매혹적'이라는 말에 비로소 공감할 수 있다고 썼다. 폐허에 대해서는 나도 그의 말에 공감했다. 폐허에 서면 비애와 함께 설렘이 동반된다. 이미 사라진 것들이 상상력을 불러일으킨다. 이젠 보이지 않는 어떤 세계의 자취를 걸을 때 옛 시공의 소리와 냄새들이 엄습한다. 더욱이 코토르의 폐허는 무수한 기억과 경험이 묻혀 있는 세계였다. 비잔티움 제국의 자치도시였던 10세기의 기억, 대략 200년 동안 중세 세르비아 왕국의 자유도시였던 날의 기억, 거기에 베네치아 공화국과 헝가리의 통치, 1807~1914년까지 프랑스의 점령과 이어진 오스트리아의 지배, 그리고 마침내 유고슬라비아 연방의 일부가 되기까지의 이야기가 폐허에 중첩되어 있었다.

로마인들이 코토르 만을 따라 이 도시를 세운 이후 중세에는 도상학교와 건축, 금세공 기술학교들이 만들어지면서 지중해 문화가 발칸 지역에 퍼져나가는 허브 도시가 되었다. 그러다보니 숱한 나라들이 탐내는 각축장이 될 수밖에 없었다. 무수한 공격자들을 대비하던 코토르 사람들의 지혜와 수고가 구시가에도 남아 있었다. 베네치아 시절의 날개 달린 사자가 성벽에 부조된 '바다의 문'을 들어서면 잠시 방향감각을 잃게 된다. 그들은 골목을 미로처럼 무질서하게 만들어 적을 혼란에 빠뜨리고자 했다. 좁고 어두운 골목에 들어서면 한순간 공터가 나오다가 길이 여러 갈래로 나타나는데, 이 길들은 어디로든 나갈 수 있지만 길목을 막으면 꼼짝없이 갇히게 된다고 한다.

폐허의 구석, 폐허의 모퉁이, 폐허의 골목을 잠시 헤맸다. 낯익은 성당과 조금 낯선 정교회 성당들. 그러나 실은 그리 다를 것도

〈신약성경〉 마르코 복음의 저자인 성 마르코는 베네치아의 주보성인이었다. 그의 상징인 날개 달린 사자는 베네치아의 지배를 받았던 도시에서 쉽게 만나게 된다. 폐허 같은 코토르의 순간들과 조금 낯설거나 조금 익숙하던 성당들.

없어 보이는 성당들이었다. 시간은 폐허가 됐지만 도시에는 실시간이 흐르고 있다. 그 기억의 조각들을 바라보며 그리움이 빗물처럼 물들기도 했다. 코토르를 조망할 수 있는 산에 오르고 싶었는데 시간이 여의치 않았다. 가는 빗속에도 많은 사람이 산길을 올라가는 게 흐릿하게 보였다. 워낙 날이 흐리다 보니 로브첸 산의 검은 실루엣이 오히려 가려져버렸다. 오래된 도시의 검은 더께가 더 어둡고 음울해보였다. 슬로베니아 피란에서 시작되어 코토르만까지 이어지는 아드리아 해가 코토르에서는 푸른 민낯을 보여주지 않았다.

페라스트의 두 개 섬

코토르를 떠나 잠시 달리다가 조망이 좋은 곳에서 버스가 멈췄다. 코토르 만에 떠있는 페라스트의 아름다운 정경을 만끽하는 곳이었다. 물결 위에 두 개의 작은 섬이 의연하게 떠 있었다. 섬들 뒤로 보이는 산이 허옇게 파헤쳐져 흉물처럼 보였다.

마을로 들어가 니콜라스 교회 앞에서 '바위 위의 성모' 섬으로 가는 배를 탔다. 마을에서 400미터 떨어진 동화 같은 섬에 작은 성당이 있었다. 사람들이 드나들 수 있는 바위 위의 성모 섬은 페라스트 사람들이 오가며 돌을 던져 만든 섬이라고 하는데, 애초에 돌을 던지게 된 사연이 조금씩 다르다. 두 명의 어부가 바위 위에서 성모상을 봤다고도 하고, 두 형제가 바위 위에서 성화를 봤다고도 한다. 그리고 이 지역을 운항하는 배의 선원들이 안전한 항해를 기원하며 섬을 만들기 시작했다는 얘기도 있다. 더 설득력 있게 오랜 시간 전해진 이야기는 두 형제와 관련된 것으로 벌써 5세기 이상 거슬러 올라간다.

아직 다 개이지 않은 구름이 산자락을 휘감고 있는 페라스트. 니콜라스 성당 앞에서 저 작은 배를 타고 '바위 위의 성모' 섬의 작은 성당으로 향한다.

1452년 7월 22일 두 형제가 항해를 마치고 귀환 중이었다. 그중 한 사람은 다리를 다친 상태였다. 마을 앞에 있는 작은 섬, 조지 수도원이 있는 그 섬을 지나갈 때 형제는 바위 같은 노두에 걸려 있는 이콘을 보았다. 성모마리아가 아기 예수님을 안고 있는 성화였다. 형제는 그 이콘을 조심스레 집으로 가지고 갔다. 이튿날 잠에서 깨어보니 다친 형제의 다리가 나아있었다. 그들은 놀라워하며 이콘이 걸려 있던 바위에 성당을 세우겠다고 맹세했다. 하지만 그 바위는 너무나 작아서 건물을 지을 수가 없었다. 사람들은 오래된 배들을 바위에 쌓고 다른 바위들도 옮겨오며 32년 만에 성당을 지어 봉헌했다. 지금도 페라스트 사람들은 마리아 막달레나 축일인 7월 22일, 보트로 섬 주변을 돌며 돌을 던지면서 기념축제를 연다고 한다.

바다가 생업의 현장이었던 뱃사람들다운 이야기다. 그렇게 지어진 성당은 1624년에 튀니지와 카르타고 해적들에게 약탈당하고 파괴되었다가 나중에 베네치아 사람들이 그나마 재건을 했다고 한다. 아담하고 하얀 겉모습과는 달리 성당에 들어서자 화려한 제단이 눈에 들어왔다. 제대에는 코토르의 로브로 도브리체비치(Lovro Dobričević)의 〈바위 위의 성모자〉(1452년경) 이콘이 좌정해 있고, 벽과 천장은 바로크 화가 트리포 코콜야(Tripo Kokolja)가 68개의 벽화로 장식했다.

성당 안에도 뱃사람들의 삶의 체취가 가득 담겨 있었다. 인공섬이라 해도 벌써 500년의 역사를 살았으니 만만한 세월이 아니었다. 그동안 페라스트 사람들이 외적의 침입과 험난한 바다와 치르는 싸움에서 얼마나 성모마리아에게 의지했는지 작은 성당 안의 그림들이 얘기해주고 있었다. 정확한 사연은 알 수 없지만 저마다의 믿음이 투영된 성당이었다. 사람들은 가족이 배를 타고 바다로

그 옛날 페라스트 어부들이 보았다는 성모자 이콘

나갈 때 무사귀환을 기원하며 금판이나 은판을 봉헌했다. 아직도 무수한 은세공판이 이들의 감사를 전하고 있다. 아픈 이들의 쾌유를 기도해 응답을 얻은 이들의 봉헌물도 있었다. 항상 다정하지만은 않은 바다에서 생을 영위하던 사람들의 힘든 자취가 남아 있는 성당이었다.

이 성당에는 귀하고 슬픈 사랑의 흔적도 있었다. 18세기에 이곳에 살았던 자킨타 쿠닉은 바다에 나간 남편의 무사귀환을 기도하며 수를 놓았다. 그녀는 실크 실과 자신의 머리카락으로 아기 예수를 안은 성모마리아를 수놓았다. 갈색이었던 머리카락이 은발이 될 때까지 기다리던 이는 돌아오지 않았고, 거의 25년 동안 매일같이 수를 놓던 여인은 나중에 눈이 멀었다고 한다. 그렇게 아득한 사랑의 이야기가 페라스트의 작은 섬에 전해지고 있었다.

잠시 저 너머의 또 다른 섬을 바라보았다. 사이프러스 나무 사이로 베네딕토 수도원이 보이는 그 섬에는 페라스트 사람들의 묘지가 있다고 하는데 일반인의 출입이 허락되지 않는 곳이었다. 그저 바라볼 수밖에 없어서 좀 더 아쉬웠던 '가지 않은, 가지 못한 섬'에도 사랑 이야기가 전해지고 있었다. 1813년 나폴레옹의 프랑스군이 페라스트를 침공했다. 그들 가운데 한 군인이 페라스트의 한 소녀와 사랑하는 사이였다. 그런데 프랑스군이 대포를 잘못 쏘는 바람에 소녀의 집을 명중해 연인이 죽고 말았다. 사랑하는 이를 잃은 청년은 베네딕토 수도원의 수도승이 되어 평생 종지기를 했다. 그들은 죽어서야 같은 곳에 묻혔다고 전해진다.

슬픔을 간직하고 수도승이 되어 작은 섬에 스스로 갇혔던 사랑, 죽음에 이르기까지 이어졌을 사랑 이야기는 영원한 헤어짐과 고독과 어떤 죽음들에 대한 이야기를 하는 중이었다. 어느 날 배를 타고 저 섬에 닿았을 한 사내의 뒷모습이 보이는 듯했다. 스위스 상징주의 화가 아르놀트 뵈클린(Arnold Böcklin)의 〈죽음의 섬〉이 바로 눈앞에 있었다. 그가 이 섬을 모델로 했다는 얘기도 있는데, 마치 그림 속에서처럼 하얀 옷을 입은 수도승을 태운 배가 수도원을 향해 혹은 묘지를 향해 섬에 닿고 있는 것도 같았다.

망자는 슬픔의 강을 지나고 비탄의 강을 지나고 증오의 강을 지나 망각의 강 레테에 이르고 마침내 영원한 이별을 고한다. 이 세상에서는 죽고, 온전히 그리스도를 향해 살아가는 수도승 역시 죽음 같은 결별을 세상에 고했을 것이다. '죽음의 섬' 혹은 '망자의 섬'이라고 알려져 있지만 뵈클린은 이 그림을 오히려 '침묵의 섬', '무덤의 섬', '고요한 장소'라거나 '꿈꾸기 위한 그림'이라고 불렀

아르놀트 뵈클린의 〈죽음의 섬〉(아래 그림)이 연상되는 성 조지 섬에는 베네딕토 수도원이 있다. 수도원만이 아니라 페라스트 사람들의 공동묘지도 있다고 하니 '죽음의 섬'이 아주 틀린 말도 아니다. 다만 그 죽음은 부활을 기다리는, 영원한 생명을 희망하는 여정일 것이다. 다섯 차례나 그린 〈죽음의 섬〉 가운데 1883년 그린 세번째 버전이다.

다고 한다. 그의 그림은 끝이 아니라 열린 결말을 넌지시 전해준다. '꿈꾸기 위한' 그림을 생각하며 잠시 꿈속에 잠겼다. 슬픔에 잠겼던 그 수도승에게도 죽음은 끝이 아니었을 것이다. 사랑 역시 끝나도 끝나는 게 아니다. 푸른 물결이 죽음으로도 끝나지 않는 사랑의 노래처럼 출렁였다.

신산하고 슬프기까지 한 이야기들을 품고 물결과 어둠과 빛에 부딪히며 수백 년을 살아온 수도원은 얼마나 많은 이야기를 들려줄 수 있을까. 알지 못하는 세계가 달빛 아래 윤슬처럼 반짝였다. 여전히 닫혀 있는 섬을 바라보는 마음이 바다물결에 물들었다. 사랑과 이별, 죽음과 그리움. 전쟁이 초래한 모든 이별과 상처들. 이토록 고즈넉이 아름다운 세상에도 사람들이 저지른 폭력의 상흔이 배어 있었다.

섬을 나와 마을에서 잠시 머물렀다. 한창 번성하던 17~18세기에는 조선소가 네 곳이나 문을 열었고 100여 척의 상선이 항구를 들썩거리게 했다고 하지만 지금은 인적도 드물었다. 바다를 따라 이어진 길은 천천히 걸어도 20분 정도면 끝에 닿을 만큼 짧았다. 그 길가에 오래된 바로크 양식 건물들이 세월을 증거하고 서 있었다. 전혀 새로워질 의지도 없이 건물들은 나이든 모습 그대로 거기 머물렀다.

어떤 교회 앞에는 몇 개의 조각상이 있었다. 그들이 누구인지, 이 작은 마을과 어떤 관계가 있는지 묻고 싶은데 어디에서 답을 얻을 수 있을지 알 수가 없었다. 해발 873미터의 엘리야 언덕 곳곳에는 성 안나, 성 마르코, 성 안토니오에게 봉헌된 성당들과 묵주기도의 성모성당 등 열 곳이 넘는 가톨릭교회와 동정녀 탄생 정교회 성당이 자리하고 있다. 잠시 돌아본 골목마다 낡은 성당들이 새카만 더께로 오랜 시간을 말해주고 있었다. 사람들은 떠나고 바

고즈넉한 페라스트를 잠시 산책할 때 비는 멎고 공기는 삽상했다. 그나마 이름을 보고 알게 된 트리포 코콜야의 조각상.

다는 푸르고 마을의 옛 이야기는 바람결에 스러져 가는 중이었다.

'CAFE Helena'를 지나올 때 검은 옷에 검은 스카프를 머리에 두른 할머니가 밖에 나와 건물 벽에 손을 기댄 채 어딘가를 응시하고 계셨다. 고기잡이 나간 남편을 기다리던 오래전의 자세처럼. 카페 헬레네. 할머니가 헬레네였을까? 오래전의 어느 날을 상상하게 하는 여인의 풍경이 저 바다로 나간 이를 기다리던 이들의 기다림을 아스라이 느끼게 만들었다. 여전히 누구를 기다리는 듯한 여인. 오래전의 모습 그대로 멈춰진 마을의 풍경. 그리로 옛 사람이 들어선다고 해도 전혀 놀라운 일이 아닐 것 같았다.

끝없이 붉은 지붕과 사이프러스가 이어지는 코토르 만을 달렸다. '유럽 최남단의 피요르드'라고 불릴 만큼 아름답다는 평을 받는 코토르 만이었다. 비는 멎고 공기는 삽상했다.

그 성인 레오폴도 만딕

페라스트의 '바위 위의 성모 성당'에서 봉헌물들이 걸린 문을 넘어섰을 때, 미처 문턱을 넘기도 전에 한 평도 되지 않을 그 작은 공간의 벽이 나를 '불렀다'. 거기 낯익은 누군가가 있었다. 찰나였다. 헤르체그노비의 성인 레오폴도 만딕. 그의 상반신 모자이크와 작은 전신 부조가 그곳에 있었다. 비록 살아 있는 존재를 만난 것이 아니지만 반갑고 기뻤다. 페라스트에서, 이 섬의 작은 성당에서 이렇게 그 자취를 만나게 되다니. 원래 계획대로 오스트로그 수도원으로 갔었다면, 혹시 비바람 때문에 배가 운행을 안 해서 섬에 들어가지 못했다면 맛볼 수 없었을 기쁨이었다.

발칸유럽에 가기 위해 자료를 찾다가 알게 된 레오폴도 만딕 성인은 헤르체그노비에서 태어나 자랐다. 1420년부터 1797년까지

페라스트 '바위 위의 성모' 섬 성당에서 만난 레오폴도 만딕 성인의 형상들. 사소한 기억이지만 그런 순간이 있다. 마음의 방향이 순식간에 바뀌는 순간. 어쩌면 그 순간을 사람들은 '기적'이라고 부를지도 모르겠다. 혹은 회개라거나 회심이라고 하는 것일 수도 있다. 페라스트의 그 작은 성당에서도, 예기치 않았던 문턱을 넘었다.

베네치아 공화국의 지배를 받을 때는 '새로운 성'이라는 뜻의 이탈리아어 카스텔누오보라고 불리기도 한 도시였다. 그가 태어났을 때 몬테네그로 공국이었던 나라는 1918년 유고슬라비아 왕국이 되었다. 건국 당시의 이름은 '세르비아인 크로아티아인 슬로베니아인 왕국'이었다.

만딕은 어렸을 때 큰 병을 앓아 제대로 자라지 못한 데다 몸이 아주 약했다. 하지만 그는 하느님께 자신을 온전히 내놓았다. 카푸친 작은형제회에 입회한 만딕은 그리스, 세르비아, 러시아 사람들도 많이 살고 있는 자신의 고향에 파견되어 동방교회 신자들과 함께 하나의 믿음으로 살고 싶었다. 동방교회와의 일치를 위해 작은 역할이라도 하는 것이 그의 꿈이었다. 하지만 그는 말을 더듬기까지 했기 때문에 설교에 적합하지 않았다. 게다가 자주 위장병과 신경통에 시달릴 만큼 건강도 좋지 않았다.

수도회 장상들은 그를 고해성사 전담 사제로 임명했고, 그는 이탈리아 파도바에서 40년 동안 고해신부로 살았다. 선교사로 파견되는 꿈을 꾸며 크로아티아, 세르비아, 슬로베니아 말까지 배우던 그에게는 순명이 쉽지 않았을 것이다. 그러나 그는 수십 년 동안 고해실에서 봉사하며 정교회와의 일치를 위해 기도했다. 그는 친구에게 보낸 편지에서 "나는 조롱 안에 있는 새와 같지만 내 마음은 바다 저 너머에 있다."고 쓰기도 했다. "내 봉사직무를 통해서 오직 한 목자 아래 단지 한 양떼밖에 없을 것이라는 하느님의 약속이 실현되도록, 나는 나를 은혜로이 뽑으신 우리 주 예수 그리스도님의 선하심에 응답해야 한다."고도 썼다.

만딕은 하루에 12시간을 넘게 고해실에 머물렀다. 여름에는 무덥고 겨울에는 너무나 추웠던 고해소는 그의 약한 몸이 감당하기에 너무나 힘든 곳이었다. 그럼에도 그는 '인정이 넘치는 고해사제'로 알려졌다. '죄인'들에게 너무나 관대하다는 평 때문에 그는 주교에게 불려가기도 했다. 그는 주교관 벽에 걸린 십자고상을 가리키며 말했다.

"만일 십자가에 못 박히신 분께서 '죄인들을 향해 소매가 넓다'는 이유로 저를 나무라신다면 저는 주님께, '당신이 저에게 얼마나 나쁜 모범을 보여주셨는지요! 저로서는 아직 영혼들을 위하여 죽으신 그 어리석은 단계에는 이르지 못했는 걸요!'라고 대답하겠습니다."

이탈리아에서 '소매가 넓다'는 것은 지나치게 너그럽다는 말의 관용적 표현이라고 한다. 그는 "제가 신자들에게 너무 착하게 군

만딕 성인이 고해사제로 살았던 이탈리아 파도바의 성당에는 그의 자취가 남아 있다. 텍스트로 그가 '작았다'는 걸 알았지만 그냥 '작다'는 정도를 넘어설 만큼 왜소했던 것 같다. 페라스트의 형상도 그랬지만 파도바에도 작고 구부정한 할아버지 사제가 있었다.

다고 하는데, 사실 사람들이 제 앞에 와서 무릎을 꿇는 것만으로도 저는 그들이 하느님의 용서를 원한다는 충분한 증명이 된다고 생각합니다. 하느님의 자비는 모든 것을 뛰어넘습니다."라고도 말했다(카푸친 작은형제회 홈페이지).

정말 고해란 어려운 일이다. 마음을 다해 죄를 뉘우치고 회개하며 은총을 청하는 행위는 신 앞에 부복하는 겸손이다. 인간인 사제 앞에 나아가 죄를 고해하는 과정 자체가 하느님에 대한 온전한 믿음을 전제로 한다. 자신의 죄 때문에 '그리스도의 발 앞에서 애통해하는' 그 순간은 하느님과의 내밀한 시간이다. 제2차 바티칸 공의회에도 참여했던 가톨릭 신학자 칼 라너(Karl Rahner)가 "언제 죄를 용서받는가? 고해하러 사제 앞에 나가려고 마음먹을 때"라고 말한 것처럼 마음의 방향을 하느님께로 향하는 순간이 곧 회개가 아닐까.

교부 요한 크리소스토모가 말했듯이 우리는 넘어지면 다시 일어나 걷는다. 죄를 지어도 새로운 희망을 꿈꾸며 다시 시작해야 한다. 그의 말처럼 교회는 법정이 아니라 치유의 장소다. 자꾸 죄를 저울질하는 곳이 아니라 참회하는 이들을 낫게 하는 병원이어야 한다. 만딕에게는 그 점이 무엇보다 중요했던 것 같다.

만딕이 이처럼 '관대한' 고해사제가 된 데에는 고해성사에 대한 '안 좋은' 기억이 큰 역할을 했다. 그가 여덟 살 때 누나가 작은 잘못을 잔뜩 혼낸 다음 고해성사까지 하라며 성당으로 끌고 갔다. 신부님은 보속으로 한 시간 동안 성당 한가운데 무릎을 꿇고 앉아 있으라고 했다. 너무나 슬펐던 그 기억은 마음에 깊이 남았다. 그때 그는 사소한 잘못 때문에 아이를 너무나 가혹하게 벌한다고 생각하며, 죄인들에게 하느님의 자비와 선함을 보여주는 사제가 되겠다고 마음먹었다.

이탈리아 파도바에 있는 만딕 성인의 성소에 교황 바오로 6세와 아테나고라스 1세의 만남을 그린 그림이 걸려 있다. 화가는 이 그림에 만딕 성인도 그려넣었다. 수도원 중정 벽에는 만딕의 고향인 헤르체그노비 풍경도 걸려 있다. 할아버지 만딕 성인의 그림이 걸린 곳에 한 할아버지가 생각에 잠겨 있다.

그럼에도 사실 만덕은 무척 불같은 성격이어서 '소매가 넓은' 고해사제이기에는 매일의 인내가 필요했다고 한다. 그런 성격으로 열두 시간, 혹은 그보다 더 긴 시간 고해소에서 하염없이 '죄인'들의 고해를 듣는 일은 무엇과도 비교하기 힘든 희생이고 수련이었을 것이다. 1942년 만덕은 제의를 입다가 쓰러져 병자성사를 받고 선종했다.

일반적인 관례와 달리 35년도 채 지나지 않은 1976년 그는 바오로 6세 교황에 의해 시복되었다. 요한 23세의 뒤를 이어 제2차 바티칸 공의회를 마무리한 이 교황은 우리나라 김수환 추기경을 서임하기도 했다.

이탈리아 파도바에는 만덕이 그토록 오랫동안 고해사제로 살았던 고해소가 있다. 그가 살았던 수도원은 1944년 미국 공군의 공습으로 완전히 파괴되었다. 그 잿더미 속에서도 만덕이 머물렀던 고해소와 성인이 늘 곁에 두었던 성모상은 무사했다. 만덕은 세상을 떠나기 전에 이 무서운 일을 이미 알고 있었다고 전해진다.

뒤늦게 레오폴드 만덕 성인을 알게 된 참이었다. 그토록 겸손하고 매일을 새롭게 봉헌한, 말 그대로 '작은 성자' 레오폴드 만덕의 고향에서 어떻게든 그의 자취를 찾아보고 싶었는데 그날 묵게 된 숙소는 헤르체그노비의 아주 한적한 신시가에 있었다. 그가 살았던 마을에라도 들어가 보고 싶었는데, 그의 이름을 딴 성당 앞에서 잠시 서성이기라도 하고 싶었는데, 아무것도 못하고 말았다.

이튿날 철썩이는 파도소리를 들으며 헤르체그노비의 아침을 맞았다. 바다 너머로 시가지가 보였다. 어디쯤 그의 발걸음이 들리는 것도 같았다. '몬테네그로' 검은 산의 검은 바위가 바다를 향해 드리워진 길을 걸었다. 그를 품어 기른 검은 돌산 자락 어디쯤에서 그가 들으며 자랐을 바닷소리 속에 그가 겪었을 아픔, 좌절, 분노,

청년 프란치스코가 폐허였던 산다미아노 성당에서 회개의 첫 마음으로 드린 기도를 만덕도 같이 기억했을까? 그의 고향마을 바닷가에서 그 기도에 마음을 얹었다. (그 다미아노 십자가가 글라라 성당에 있다. 이탈리아 아시시)

절망, 슬픔, 안타까움, 그리고 그의 봉헌과 부활과 희망을 생각했다. 누구보다 새처럼 자유를 꿈꾸던 그가, 누구보다 더 고된 고해사제로서의 수십 년을 받아들이고, 많은 사람들에게 따뜻한 말과 행위로 위안과 축복을 보내며 감당했던 나날을 생각했다.

어쩌면 그가 늘 기억하고 있었을 기도, 그의 사부 성 프란치스코가 다미아노 십자가 앞에서 드린 기도에 마음을 얹어놓았다. 아직 하느님의 뜻이 무엇인지 온전히 깨닫지 못하던 아시시의 천둥벌거숭이 프란치스코가, 그럼에도 거부할 수 없는 어떤 손길에 자신을 내맡기던 가장 순결한 날의 기도였다. 폐허가 된 산다미아노, 그 작은 성당의 작은 십자가 아래서 그는 기도했다.

> 지극히 높으시고 영광스러운 하느님이시여, 내 마음의 어둠을 밝혀주소서. 주님, 당신의 거룩하고 진실한 뜻을 실행하도록 올바른 신앙과 확고한 희망과 완전한 사랑을 주시며 지각과 인식을 주소서. 아멘.

만덕은 동서방교회의 만남이 아예 끊어졌던 폐허의 시간에 새로운 씨앗을 뿌렸다. 그리고 그가 세상을 떠난 지 20여 년이 지난 1964년 교황 바오로 6세와 콘스탄티노플 총대주교 아테나고라스 1세가 예루살렘에서 만났다. 1054년 상호파문 이후 거의 1000년 만에 동서방교회의 수장이 형제로서 손을 잡은 날이었다.

새로 태어나고 있는
마케도니아 스코페

미소 뒤 어둔 밤까지도, 마더 데레사

발칸의 시월, 급속히 추워졌다. 게다가 비까지 내리니 이른 아침인데도 날이 어두웠다. 버스에서 내려 길 건너 맞은편 건물을 바라보았다. 시계가 대지진이 일어났던 1963년 7월 그날처럼 새벽 5시 17분에 멎어 있었다. 이 지진으로 마케도니아 수도 스코페의 거의 모든 건물이 잿더미가 되어버렸다고 한다. 그나마 온전했던 건 터키식 돌다리와 칼레 성 정도뿐이었다. 멎어버린 시계탑 맞은편 작은 공원에 대지진의 참담함을 표현한 조형물이 있었다. 자식을 잃은 슬픔으로 젖가슴이 도려내지고 자궁이 비어버린 어머니의 고통이 처절했다.

마케도니아는 발칸반도에 속한 독립국이다. 옛 마케도니아 왕국 시절을 거쳐 발칸의 여러 나라가 그랬듯이 오스만 제국의 오랜 통치를 겪었고, 근대에 들어서는 이 또한 발칸의 여러 나라가 그랬듯이 티토의 유고연방에 속했다가 1991년 독립했다. 크로아티아나 보스니아가 내전의 참화를 겪은 데에 비해 비교적 수월하게 독립한 셈인데, 정작 인접국 그리스와의 갈등 때문에 유명세를 치

1963년 지진으로 5000명에 달하는 사람이 죽거나 다치고 인구의 70퍼센트가 집을 잃었다. 시간이 멈춰진 시계 앞에 그날의 고통을 '자궁을 들어낸 어머니'로 형상화해놓았다.

렀다. 나라 이름과 국기 사용, 알렉산드로스 대왕의 출신지 등의 문제로 그리스가 심하게 반발한 것이다.

알바니아와도 신경전을 벌였는데 이번에는 콜카타의 성녀 마더 데레사의 국적 때문이었다. 2003년 시복식 즈음에 마케도니아 정부가 바티칸에 기증하기 위해 데레사의 동상을 만들면서 '마케도니아 출신'이라고 새겨넣자 알바니아가 이의를 제기했다. 엄밀하게 따지면, 데레사는 여전히 오스만 제국이던 때에 현재 마케도니아 수도인 스코페에서 알바니아인 부모에게 태어났다. 아직 마케도니아나 알바니아라는 나라는 존재하지 않았다. 알바니아든 마케도니아든 현재 이 두 나라의 종교 비율을 보면 이 땅에서 가톨릭교회의 성녀가 탄생했다는 사실이 예사로워 보이지 않는다. 알바니아의 경우 이슬람 인구가 70퍼센트이고, 정교도는 20퍼센트, 가톨릭은 10퍼센트 정도다. 그리고 마케도니아의 가톨릭 신자는 6퍼센트일 뿐이다.

비 내리는 길을 조심스레 걸어가다 보니 인도 콜카타의 수녀로

마더 데레사는 지금의 마케도니아 스코페에서 알바니아인 부모에게 태어났다. 1910년 태어난 다음날 세례를 받았던 성당이 그를 기억하는 기념관이 되었다.

기억되는 그녀, 2016년 9월 가톨릭교회에서 성인품에 오른 마더 데레사의 구부정한 조각상이 나타났다. 그녀가 바로 이곳에서 태어났다. 2009년 지은 기념관이 있을 뿐 1910년 알바니아인 부모에게서 그녀가 태어났던 자취는 거의 없다. 태어난 다음날 아녜스라는 이름으로 세례를 받았던 예수성심성당이 1963년 지진에 파괴되자 그 터에 마케도니아 정부가 이 기념관을 지었다.

데레사의 어머니는 막내딸에게 또 하나의 이름을 지어주었다. 곤히아(Gouxha), '꽃망울'이라는 뜻이었다. 스코페에서 탄생한 작은 꽃망울이 세상을 밝힌 탐스런 꽃송이를 터트리고 떠났다. 데레사는 1928년 아일랜드 더블린에 있는 로레토 수녀회에 입회할 때까지 스코페에 살았다.

기념관 밖에는 마더 데레사의 환한 웃음이 곳곳에 걸려 있었다. 나직한 어둠 속에서 사진을 찬찬히 바라보았다. 분명히 그는 '작은 독재자'로 불리기도 했다. 이런저런 얘기들, 물론 불편한 이야기들도 들었다. 하지만 그 순간 나에게도 한 가지만 중요하게 느껴졌다. 한 사람이 병들고 외롭고 아파하다가 세상을 떠날 때 누군가가 손을 잡아주고, 눈을 바라봐주고, 품에 안아준다면, 그는 한 사람의 생을 구원으로 이끈 것이 아닐까. 구원이라는 게 어떤 세계인지 말로 할 수는 없지만 적어도 세상을 떠나는 순간 절망이 그의 상태는 아니지 않았을까. 마더 데레사는 그렇게 말하곤 했다.

"나는 결코 대중을 구하려고 하지 않는다. 다만 한 사람을 바라볼 뿐이다. 나는 한 번에 단지 한 사람만을 사랑할 수 있다. 한 번에 단지 한 사람만을 껴안을 수 있다."

한편 마더 데레사가 '성녀'가 된 데에는 '침묵'이 한몫을 했을 수도 있다. 사람들이 의혹을 제기하는 것처럼 그는 세계를 쥐락펴락하는 거대한 세력들의 돈을 기부받으면서도 세계의 악, 많은 힘없는 이들을 절대빈곤으로 몰아넣는 악한 시스템에 대해서는 침묵했다. 오히려 그는 '가난과 고통은 하느님의 축복'이라고 믿으며, 구호시설을 개축하거나 첨단 의료장비를 갖추는 등의 개선을 거부하곤 했다고 한다. 그의 활동에 대해서는 이런저런 평가들이 많았는데 특히 미국 언론인 크리스토퍼 히친스(Christopher Hitchens)는 《자비를 팔다》에서 가차 없이 비판하기도 했다.

빈부격차가 심해 극소수의 부자만이 호의호식하는 브라질에서 헬더 카마라 주교는 가난한 이들을 위해 모금을 했다. 그런데 돈이 모이는 과정에서 가난한 이들이 여전히 가난할 수밖에 없는 구조적인 문제를 깨달은 그가 이에 대해 언급하기 시작했다. 그러자 순식간에 모금이 끊기고 보수 세력들은 주교를 '빨갱이'라고 몰아

작은 기념관 밖에 마더 데레사의 소박한 웃음이 전시되어 있다. 좀 묘한 착각인데 마더 데레사는 한 번도 청춘이 없었을 것 같은 느낌이다. 아주 오래전부터 그런 미소로, 그런 주름으로, 거기 머물렀던 것 같다.

붙이며 탄압했다. 그때 주교는 너무나도 유명해진 말을 했다. "내가 가난한 이들에게 먹을 것을 나눠주자고 하자 사람들은 나를 성인이라고 했다. 그런데 그들이 왜 그토록 가난을 못 벗어나는지에 대해 묻자 나를 사회주의자라고 한다." 만약 마더 데레사도 카마라 주교처럼 했다면 똑같은 처지가 되지 않았을까?

분명히 마더 데레사의 얼굴은 깊게 패인 쭈글쭈글 주름투성이인데 마치 노년의 오드리 헵번과도 같은 느낌이다. 아예 청춘이 없었던 것처럼 오래오래 전부터 그렇게 주름이 많고 구부정한 사람처럼 떠오르는데 그 모습이 어쩌자고 그리도 자연스럽고 편안하고 아름다울까!

기념관을 나와 거리 끝에 이르자 작은 돌판 하나가 다시 그녀를 기억하게 했다. 마더 데레사가 태어난 집이 있었다는 곳이었다.

여기저기서 국적에 대해 묻자 데레사는 이렇게 답했다.

"혈통으로 보자면 나는 알바니아 사람입니다. 1929년 인도에 도착해 20년을 보낸 후 나는 인도 국적을 취득했지요. 나는 가톨릭 수녀로 이 세상에 속한 시민이지만 내 마음은 완전히 예수 그리스도께 속해 있습니다."

데레사는 이제 가톨릭교회의 성인이 되었다. 소녀시절부터 수도자가 되기를 꿈꿨던 데레사는 열여덟 살에 아일랜드의 로레토 수녀회에 입회해 인도 콜카타에서 교사로서 수도생활을 시작했다. 종신서원까지 하고 안정된 생활을 할 무렵 그녀는 '부르심 속의 부르심'을 느꼈다. 더 가난하고 병든 이들을 돌보라는 부르심이었다. 멈칫했지만 결국 데레사는 전통적인 수도복을 벗고 인도의 가난한 여인들이 입는 흰색 사리를 걸치고 거리로 나섰다. 그리고 평생 버림받아 병들고 죽어가는 이들 속에서 헌신했다. 그냥 그 수녀원에서 살아도 됐던 것 아닌가? 그런데 그는 어떤 목소리를 듣고 자신의 삶으로 그에 응답했다. 그래서 그의 삶이 도드라져 보이는 것이다. 아마도 그의 하느님은 '더더더'를 요구하는 신인 모양이다. 적어도 데레사에게는 그랬던 것으로 보인다.

그녀가 '살아 있는 성녀'라는 얘길 들었다고 해서 늘 평화 속에 머문 것은 아니었던 것 같다. 이미 공개된 것처럼 데레사는 신의 존재를 회의하기도 했다.

"제 영성생활이 장미꽃으로 뒤덮였으리라고 생각하지 마세요. 오히려 어둠이 항상 제 인생을 따라다니지요. ……하느님이 제 안에 계시다고 들었지만 어둠, 냉담, 공허의 현실이 너무도 커서 제 영혼에는 아무것도 느껴지지가 않습니다. 나는 무엇을 위해 일합니까? 신이 없다면 영혼도 없고, 영혼이 없다면 예수님 당신도 진실이 아닙니다."

마더 데레사가
태어난 장소에 그 기억을 전하는 표지가 있다.

그 어둠, 그 공포, 그 두려움 속에서 매일 싸운 것이다. 내면의 어둠이 더했을까, 막막한 현실이 더 어둠이었을까. 그녀의 고백은, 성인이라고 해서 우리와 다른 인간이 아니라는 걸 잘 보여주었다. 성인들은 죽는 날까지 영적인 전투를 치른 사람들이다. 그들은 어쩌면 대부분의 사람들은 잘 모른 채 살아가는 내적인 세계에서 신과 인간에 대한 사랑과 헌신을 쫓아 분투한다. 그것이 가시밭길을 걷듯 힘겨운 여정이기에 그 점이 놀라운 것이다.

가톨릭교회에서 어떤 사람을 성인으로 선언하기 위해서는 오랜 시간 여러 단계를 거친다. 그 가운데 '악마의 변호인(devil's advocate)'이라고 불리는 이들을 통한 검증을 거치는데, 악마처럼 집요하고 거칠게 대상을 탈탈 털기 때문에 그런 이름이 붙었다. 당연히 데레사의 '영적 어둠'도 검증의 대상이 되었다. 훗날 그가 영적 조언자들에게 보낸 편지를 보면 데레사는 고통스러운 내적 경험이 자신에게 주어진 사명을 다하기 위해 반드시 필요한 부분이란 걸 점차 깨닫고 있었다.

생각해보면, 영혼의 어둠이란 누구에게나 다가오는 것이다. 특히 스페인의 십자가의 성 요한은 가장 치열한 영적 어둠을 고백했다. 성인들까지 가지 않더라도 우리 같은 보통사람에게도 기쁨과 절망은 늘 공존하지 않는가. 온통 빛뿐인 사람도 없고 완전히 어둠만을 가진 사람도 없다. 빛과 어둠은 늘 함께 머문다. 다만 어둠은 때로 신비의 길을 걷기 위한 조건이 된다. 이 '어둔 밤'을 통해 정화와 조명의 순간이 찾아오고 지고의 합일에 이르는 길이 열린다. 신비주의자이자 뛰어난 시인이기도 한 십자가의 성 요한은 그 어둔 밤을 지나 이렇게 고백했다.

"영혼이 고통에다 위로와 열망을 두지 않거나 여러 겹으로 된 고통의 숲속을 거치지 않고서는, 하느님 보화의 울창함과 지혜에 결코 이르지 못함을 깨달았으면 합니다."

그러므로 갈등과 어둠을 겪어본 사람은 안다. 이제는 성녀가 된 데레사의 영혼도 어둠을 거쳐 어딘가에 도달했으리라는 것을. "인간은 노력하는 한 방황하는 법"이라는 파우스트의 대사처럼 우리는 여전히 길 위에 있는 존재 아닌가.

프로젝트로 몸살을 앓고 있는 도시

500년이 넘게 오스만 제국 지배를 받았던 마케도니아는 유고연방이 생겼다가 분리되는 과정에서 1991년 독립국가의 첫걸음을 뗐다. 세계를 호령한 알렉산드로스 대왕과 비잔티움 제국 황제 유스티니아누스가 태어난 마케도니아지만 현재는 발칸의 많은 나라들 사이에서 살아남기 위해 안간힘을 쓰는 신생국가였다. 더욱이 다른 나라들과 갈등의 불씨도 꺼지지 않은 상태다.

불가리아 민족에게 마케도니아는 최초의 불가리아 정교회 수립과 중세 불가리아 제국의 진원지라는 역사적 의미가 있는 땅이다. 세르비아 민족에게는 코소보와 더불어 중요한 역사적 상징성을 지니고 있다. 중세 세르비아의 황금기였던 1346년에 스테판 우로슈 두샨은 현재 마케도니아 수도인 스코페에서 '세르비아와 그리스의 왕'으로 추대되었다. 그는 마케도니아의 오흐리드를 수도로 삼고 영토를 넓혀나갔다. 특히 그리스와의 관계가 첨예한데 나라 이름부터 국기 문제까지 아직도 불편한 긴장이 계속되고 있다. 그나마 2019년 2월에 국명은 정리가 되어 '북마케도니아'로 공식 변경되었다.

이런 상황에서 마케도니아는 어떻게든 국제사회에서 존재감을 갖기 위해 2010년 '스코페 2014'라는 프로젝트에 돌입했다. 흔히 신생 독재국가들이 국론을 통일하고 정권의 안정을 꾀하는 정책 가운데 하나가 위대한 조상을 되살리는 것인데, 마케도니아는 바로 알렉산드로스 대왕을 소환해 스코페 중앙 광장에 높이가 14.5미터나 되는 초대형 동상을 세웠다.

프로젝트로 수도 스코페가 몸살을 앓기 시작했다. 단 몇 년 사이에 신고전주의 혹은 바로크 양식의 정부 청사, 국립극장, 미술관 등이 우후죽순 솟아났다. 이를 위해 약 7000억 원 정도가 투입되었다고 한다. 뿐만 아니라 셀 수 없을 만큼 많은 조각상과 조형물이 곳곳에 포진하고 있는데, 스코페를 방문한 이들은 대부분 당황스럽고 낯설고 우스꽝스럽다고 실소한다. 그밖에도, 급조되는 정책이 늘 그렇듯이 예산 낭비와 일감 몰아주기 등 부작용이 속출했던 모양이다. 남의 나라 일이지만 이렇게 정신없이 '창조'되는 도시의 풍광이 좋아보이진 않았다. 그런 와중에 2014년 그리스에서 알렉산드로스 대왕의 부모인 필리포스 2세와 올림피아스의 무덤으로 보이는 유적을 발굴했다고 발표하자 대왕과 부모의 대형 동상을 더 세우겠다고 발표하기도 했다. 어려운 경제 상황에 정부가 쓸데없는 낭비를 하고 있으며, 자칫 민족주의를 조장해 그리스와 괜한 갈등까지 겪을 수 있다며 비판받기도 하지만 정부 관계자는 덕분에 관광객이 늘었다며 자화자찬을 계속하는 중이라고 한다.

스코페를 대표하는 마케도니아 광장은 가는 빗줄기에 잔뜩 흐린 하늘 탓에 음울해 보이기까지 했다. 바르다르 강에 놓인 터키식 돌다리 앞에도 어김없이 거대한 조각상이 있었는데, 5미터 높이 기마상의 주인공은 고체 델체프(Goce Delcev)와 담 그루에프(Dame Gruev)였다. 스코페 신구시가를 연결해주는 돌다리는 1451~69년 사이에 정복자 술탄 메흐메드 2세의 후원으로 만들어져 1555년의 대지진과 1944년 파시스트의 테러 미수 등 여러 사건을 견뎌냈다. 1963년 7월의 대지진 때도 보드노 산 위의 칼레 성과 이 다리만이 살아남았다.

구시가로 들어서는 돌다리 끝에도 네 사람의 조각상이 서 있었다. 그들은 키릴과 메토디오 형제, 그리고 그들의 직제자인 클레멘스와 나움이었다. 불가리아가 키릴 문자에 대해 무한한 자긍심을 가지고 있지만, 따지고 보면 마케도니아도 일종의 지분을 주장할 수 있다. 정작 키릴 문자를 만든 클레멘스 슬로벤스키(Clemens Slovensky)가 지금은 마케도니아 땅이 된 아름다운 고도 오흐리드 사람이기 때문이다.

클레멘스는 고대 교회 슬라브어를 사용해 키릴의 일대기를 담은 《키릴 생애》를 저술하기도 했다. 키릴과 메토디오가 그리스어 복음서와 전례문을 슬라브어로 표기할 수 있도록 '고대 교회 슬라브어'라고도 불리는 글라골 문자를 만들었고, 10세기경에 메토디오의 제자들이 이를 더 쉽고 단순화한 것이 바로 키릴 문자였다. 클레멘스는 스승인 키릴과 메토디오, 그리고 고라즈드, 나움, 사바,

지진에도 살아남은 스코페의 터키식 돌다리를 건너 구시가로
들어가는 길목에 성 키릴과 메토디오 형제와 그들의 제자 클
레멘스와 나움의 조각상이 서 있다. 잔뜩 흐린 보드노 산 위
칼레 성에 북마케도니아 국기가 바람에 펄럭이고 있었다.

안겔라리우스와 더불어 '불가리아의 일곱 사도'로서 동방교회에서 큰 공경을 받고 있다.

다리를 건너 여전히 오스만 제국 시절의 흔적이 남아 있는 구시가에 들어서자 비로소 사람들의 자연스러운 일상이 펼쳐졌다. 오스만 제국 시절 무역을 위해 오가던 대상들이 묵던 숙소는 미술학교나 조형학교로 이용되고 있었다. 깨끗하고 반질반질한 돌바닥을 조심스레 걸었다. 동방시장 안에서는 삼삼오오 남성들이 한 잔의 차를 앞에 두고 담소를 나누고 있었다. 모처럼 사람들이 사는 풍경 속에 끼어들었다. 늘 그렇지만 시장은 다정하다. 금방 따온 것 같은 과일처럼 사람들은 풋풋하게 이방인을 맞아주었다. 분명히 경계도 하고 낯을 가리기도 하지만 어설프게 웃어보이는 이들이 동방시장에도 있었다.

동방시장의 거룩한 구세주 승천 교회

동방시장에서 칼레 요새로 향하는 골목길 돌벽에 작은 문 하나가 열려 있었다. 마케도니아 정교회 성당인 거룩한 구세주 승천 교회, 스베티스파스였다. 아치로 만든 문을 들어서자 마당에 석관 한 기가 덩그러니 놓여 있었다. 성당 안에 기념관까지 있다는 그 관의 주인은 마케도니아 독립투사 고체 델체프로, 마케도니아 광장 돌다리 앞에 서 있는 두 개의 동상 가운데 한 사람이었다.

1890년대에 마케도니아 지역을 둘러싸고 불가리아와 그리스, 그리고 세르비아인들의 영토경쟁이 확대되자 마케도니아 민족주의 비밀단체들도 증가했다. 이 단체들은 크게 불가리아와의 합병을 원하던 마케도니아 해방 최고위원회와 완전한 독립을 얻고자 한 마케도니아 자치 국가파로 나뉘어 있었다. 델체프는 1893년 오스만 제국으로부터 독립을 쟁취하기 위해 마케도니아 내 혁명 기구를 조직했다. 1903년 혁명기구는 일린덴 봉기로 크루셰보 공화국을 세우는데 이로써 마케도니아 공화국의 주추가 놓였다. 일린덴 봉기가 시작된 성 일리야의 날, 즉 8월 2일은 현재 공화국의 날로 기념되고 있다. 고체 델체프는 봉기 이전에 세상을 떠났지만 마케도니아 민족주의의 상징으로 남아 국가(國歌)인 '마케도니아의 오늘을 넘어'에도 등장하는 영예를 얻었다.

저 작은 문으로 들어서는 스코페 구시가의 거룩한 구세주 승천 교회 앞마당에는 마케도니아의 영웅 델체프의 석관이 놓여 있다. 오스만 제국 시절에도 기능했던 이 성당은 지하로 들어가야 한다.

마케도니아의 오늘을 넘어 새로운 자유의 태양이 떠오른다네.

마케도니아인들은 그들의 권리를 위해 싸웠다오.

......

지금 크루셰보 공화국의 깃발이 다시 휘날리고 있다오.

고체 델체프, 피투 굴리, 담 그루에프, 산단스키!

이어지는 가사처럼 이제 마케도니아의 숲에서는 새로운 노래와 소식이 들리고, 마케도니아는 자유롭다. 독립투사의 기념관과 무덤이 성당 마당에 있는 발칸 마케도니아, 정교회가 국민들의 삶과 국가의 운명에 얼마나 가까이 존재했는지를 새삼 확인하게 되는 풍경이었다.

마당을 가로질러 자리한 작은 교회는 지하로 들어가야 했다. 오스만 제국이 통치하던 당시에는 이슬람 사원보다 높은 건물이 허용되지 않았다. 뿐만이 아니었다. 이슬람으로 개종하지 않은 주민들에게는 셀 수 없을 만큼 많은 규정들이 요구되었다.

오스만 제국 칼리프가 그리스도인과 유다인, 즉 비무슬림에 대해 정해놓은 강령에 의하면, 그리스도인과 유다인은 피점령지에서 수도원이나 교회, 사원 등을 세울 수 없었고, 교회를 고칠 수도 없었다. (무슬림) 여행자들의 편의를 위해 수도원과 교회를 개방해야 했고 무슬림에 대해 공손해야 했다. 상호 간에 평결할 권리가 없었고, 주위에서 누가 무슬림이 되는 것을 방해하거나 훼방할 수 없었으며, 의복과 신발을 무슬림과 같이 해서는 안 되었다.

—이보 안드리치, 《보스니아 종교문화사》(문화과학사, 1998)

이밖에도 지금으로서는 이해하기 힘든 여러 금칙들이 비무슬림들에게 요구되었다. 그리고 반대로 그리스도교가 지배하던 곳에서는 비그리스도인들에게 또 다른 금칙과 제한과 족쇄들이 채워졌다. 그런 세상이 있었다.

자신이 아는 것, 믿는 것, 희망하는 것

성당을 나와 칼레 요새로 올라가려는데 한 할아버지가 모퉁이를 지나고 계셨다. 구부정한 어깨 위로 또 하루의 무게가 얹힌 뒷모습이 왠지 낯설지가 않아서 조금 슬프고 조금 반가웠다. 모스크의 미나레트가 보이는 골목, 오래된 교회 앞을 지나는 저 할아버지는 무슬림일까, 그리스도인일까 문득 궁금했다. 마크 마조워(Mark Mazower)가 《발칸의 역사》에서 전해주는 걸 보면 발칸 사람들은 교리 논쟁 같은 것엔 별 관심도 없고 중요하게 여기지도 않는다. 그래서 그리스도교와 이슬람 가운데 어떤 것이 더 좋은 종교인지 분간이 안 간다고 털어놓으면서도 '진리를 거부하면 안 된다는 생각으로' 금요일에는 모스크에 가고 일요일에는 교회를 간다고 한다. 그가 만난 마케도니아의 농부들은 성호를 그으며 "우리는 성모마리아를 믿는 무슬림입니다."라고 조심스럽게 자신의 종교를 밝혔다.

한편으로 보면 참 딱한 일이다. 자신이 뭘 믿는지도 정확하게 모른다는 건 어찌 보면 요행에 자신의 마음을 맡기는 것 아닌가. 그러나 발칸 사람들, 그중에 시골마을 사람들에게 일말의 사랑스러움을 느낀 것은 이런 문장 때문이었다. 그들의 그 무지한 천진함은 이제는 찾아보기 어려운 유물 같은 것이 되어버렸다. 글을 몰라서, 교리를 제대로 못 배워서 무지한 건 죄도 아니고 부끄러울 일도 아니다. 그렇다고 문맹률이 바닥인 오늘날은 자신이 아는 것, 믿는 것, 희망하는 바에 대해 그들보다 더 명확하게 파악하고 있다고 할 수 있을까. (우리나라는 '실질적 문맹률'이 가장 높은 나라이기도 하다.) 자신이 아는 신앙이 가르치는 대로 살아가고 있다고 할 수 있을까. 적어도 '믿음'에 있어서는 마케도니아의 농부들이, 옛날옛날 우리 할머니들이 훨씬 하늘에 가까웠을 것이다.

마케도니아 땅
오흐리드

배롱나무 꽃이 한참인 메테오라 칼람바카 호텔을 떠나, 냉방이 잘된 버스 안에서는 그저 평화롭게만 보이는 자연을 달렸다. 들판에 홀로 선 나무를 보며 반가운 건 공감 때문일까 연민 때문일까. 아니면 홀로 서 있는 풍경 자체가 아름다운 것일까. 늘 홀로 있으면서도 저토록 고요를 유지하지 못해 부러운 것일지도 모르겠다.

그리스와 마케도니아 국경을 통과해 잠시 덜컹거리는 도로를 달렸다. 옛 신작로를 떠올리게 하는 길에는 포플러가 심어져 있었다. 한여름인데도 길가에 야생화가 그득한 아름다운 마을들을 지나 정오쯤 오흐리드에 들어섰다. 저 건너로 알바니아 땅이 보이는 오흐리드 호수에 한낮의 햇살이 부서지고 있었다.

조금은 낯선 동방가톨릭교회

미사를 위해 찾은 성당에는 청량한 하얀색 벽에 십자가의 길 14처가 걸려 있었다. 제대에는 하얀 머릿수건에 검은 망토를 걸친 테오토코스 성모님이 계시고 그 아래로 3단의 성화가 펼쳐져 있는데, 그 양쪽에는 십자가상 예수님과 채찍질 당하는 예수님이 묘사

성 키릴과 메토디오, 베네딕토에게 봉헌된 동방가톨릭교회의 제대화. 좀 낯설었다.

되어 있었다. 좀 독특했다. 중앙에 있는 세 사람이 누군지 궁금했는데 나중에 그곳 신부님이 키릴(치릴로)과 메토디오 형제, 그리고 베네딕토 성인이라고 알려주었다. 동방가톨릭교회에서 만나게 된 동서방의 성인들이었다. 1985년 요한바오로 2세 교황은 이 세 성인을 '유럽의 수호성인'으로 선포했다.

오흐리드의 이 성당은 '성 키릴과 메토디오, 베네딕토'에게 봉헌된 곳으로, 옛 동로마제국 영토에 있던 동방교회(정교회) 가운데 교황의 수위권을 인정하며 가톨릭교회와의 친교를 회복한 동방가톨릭교회였다. 1596년 브레스트 회의에서 첫발을 뗀 동방가톨릭교회는 자신들의 고유한 전통과 전례를 유지하고 있는데, 전 세계에 대략 1600만 명 정도의 신자가 있다. 귀일(歸一)교회라고도 불리는 이 교회는 다양한 스펙트럼을 가지고 있는 가톨릭교회의 또 한 요소다.

국민의 대부분(65% 정도)이 동방교회 신자인 마케도니아는 거의

2000년 전 사도 바오로의 발자취가 남아 있는 곳이다. 두번째 선교여행에 나섰던 바오로가 어느 날 밤 환시를 보았다. 한 마케도니아 사람이 바오로 앞에 서서 "마케도니아로 건너와 저희를 도와주십시오." 하고 청했다. 바오로는 마케도니아 사람들에게 복음을 전하도록 하느님이 자신들을 불렀다고 확신했다(사도 16장 참고). 그때 바오로는 필리피와 테살로니카를 거쳐 아테네와 코린토까지 갔다가 안티오키아로 돌아갔다. 물론 당시의 마케도니아는 지금 북마케도니아라는 국명을 가진 지역과 동일한 곳은 아니다.

그렇게 뿌려진 복음의 씨가 제대로 뿌리 내리고 열매를 거둔 것은 9세기의 일이었다. 이번에는 비잔티움 제국 미하일 3세가 키릴과 메토디오 형제의 등을 슬라브 민족에게 떠밀었다. '슬라브인의 사도'로 불리는 그들은 모라비아(현재 체코 동부)에서 슬라브인들을 위해 문자를 만들고 성서를 번역하며 복음을 전했다. 그들이 세상을 떠난 후 정치적 상황 때문에 그 제자들이 핍박을 받다가 추방되었다. 그때 키릴과 메토디오의 제자 성 클레멘스가 불가리아 제국 보리스 1세의 지원으로 이 오래된 도시의 판텔레이몬 수도원 자리에 슬라브 민족들의 첫 대학을 열었다. 그들은 이곳에서 키릴 문자를 완성했고, 출판과 교육을 통해 이 문자와 슬라브 문화를 널리 퍼뜨렸다.

그 아름답고 오래된 언덕

한적한 거리들을 지나 오흐리드가 잠시 불가리아 제국의 수도였던 11세기에 축조된 사무일 요새에 올라갔다. 너무 뜨거운 한낮이라 성 안도 거의 텅 비어 있었다. 무료한 시간의 방문객이 반가웠는지 개 한 마리가 뛰어 들어왔다. 이 요새가 완공된 후 유스티니아누스 황제가 이 언덕에 올라 눈앞에 펼쳐진 풍경을 바라보며 "oh, hill!"이라고 외친 덕분에 Ohrid라는 이름을 얻었다는 전설이 있는데, 그보다는 '언덕에서'라는 뜻의 슬라브어 'vo hrid'에서 유래했다는 의견이 더 타당해 보인다. 오흐리드 구시가가 이 언덕 위에 세워져 있었다.

당시에는 리크니도스라고 불렸던 이 아름답고 의미 있는 중세 도시는 로마제국 도로였던 비아 에냐시오(Via Egnatia)의 주요 도시 중 하나였다. 에냐시오 가도는 기원전 2세기 발칸반도에 조성된 고대 로마의 군사도로로 작은 돌을 촘촘하게 박아 마차도 달릴 수 있으므로 무역로로도 큰 역할을 했다. 콘스탄티노플에서 네아폴리스, 필리피, 암피폴리, 아폴로니아, 테살로니카, 펠라를 지나 아드리아 해를 건너 로마까지 이어진 이 길을 따라 사도 바오로도 선교여행을 했다. 이 길은 로마에서 비잔티움 제국까지 오가는 가장 짧은 지름길이었다.

13세기에 성모마리아에게 봉헌된 보고로디차 페리블렙타 성당 앞에는 널리 알려진 이콘 갤러리가 있었다. 비잔티움 이콘을 얘기할 때 시나이 산자락 아래 카타리나 수도원과 아토스 산, 그리고 러시아 정교회 이콘과 함께 빼놓을 수 없는 이콘들이 거기 있었다. 오흐리드에서 만든 것도 있지만 테살로니카와 콘스탄티노플, 혹은 마케도니아의 또 다른 곳으로부터 온 이콘들이었다. 비잔티움 제국의 곳곳에서 흘러들어온 믿음의 자취였다. 수백 년 동안 이 이콘들이 지나온 자취가 곧 교회의 역사였을 것이다. 크지 않은 갤러리에는 사방의 벽을 따라 비잔티움의 자취가, 시나이 산과 아토스의 신앙도 배어 있는 세계가 펼쳐졌다.

판토크라토르 예수님과 그의 수난과 부활, 테오토코스와 성모영보(동방교회에서는 '성모희보'라고 함), 구약의 예언자들과 대천사

오흐리드 언덕 위에 세워진 보고로디차 페리블렙타 성당에는 성 클레멘스의 유해가 모셔져 있다. '모든 것을 보고 듣고 아는 하느님의 어머니'라는 뜻의 성당 이름은 13세기에 비잔티움 제국에서 성모마리아에게 봉헌한 여러 호칭 가운데 하나였다고 한다.

들, 특히 오흐리드의 주보성인인 성 클레멘스와 그의 동료 나움, 순교자들이 이콘 안에 머물렀다. 금이 가고 깨지고 부서지고 험하게 뭉개진 이콘들의 상처 속에서 성인들이, 성모마리아와 예수님이, 구약의 예언자들이, 그리고 대천사들이 여전히 자신들의 이야기를 전하고 있었다.

담담하게 전시되어 있지만 들여다볼수록 이콘들의 상처가 예사롭지 않았다. 나는 구분할 수 없지만 이 갤러리의 이콘들에는 비잔티움 제국 말 꺼져가던 제국의 불꽃이 마지막으로 힘차게 타오르던 팔레이올로고스 르네상스의 흔적이 남아 있다고 한다. 비잔티움 제국의 영화를 보여주듯이 보석을 박은 금은 장식 이콘들이 많았다. 영화롭게 장식했던 정교한 리자 이콘들도 세월의 더께

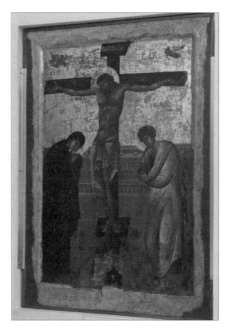

비잔티움 이콘을 얘기할 때 시나이 산 카타리나 수도원과 아토스 산, 러시아 정교회 이콘들과 함께 빼놓을 수 없는 이콘들이 함께 있었다.

로 어둑해졌지만 그 안에 거하는 거룩한 존재들의 광휘를 감추지는 못했다.

갤러리에서 나오니 벌써 문 닫을 시간이라고 해서 성당에는 들어가 보지도 못했다. 오흐리드의 주보성인인 클레멘스 성인의 유해가 모셔져 있다고 하는데 아쉬웠다. 성당의 이름인 '보고로디차 페리블렙타'는 '모든 것을 보고 듣고 아는 하느님의 어머니'라는 뜻이라고 하는데 성모마리아에게 바쳐진 호칭의 하나였던 것 같다. Bogorodica, '하느님의 어머니'는 마리아가 인간 예수의 어머니(크리스토토코스)일 뿐이라고 주장한 네스토리우스를 반박하며 431년 에페소 공의회에서 정식으로 확인된 교리다. 이미 3세기부터 참 하느님이며 참 인간인 예수님의 신성과 인성을 믿는 이들은 마리아를 '하느님을 낳은 어머니', 테오토코스로 공경했다.

또한 페리블렙토스는 파나기아처럼 비잔티움 시대에 동방교회에서 성모마리아에게 봉헌한 이름이었다. 당시 서방에서는 특히 클레르보의 성 베르나르도가 성모마리아에 대한 열절한 공경을 표현했다. 단테의 《신곡》에서 하느님의 사랑이 머무는 천국으로 단테를 안내하기도 하는 그는 오늘날까지 이어지는 '성모찬송'에서 마리아를 '구세주의 존귀하온 어머니', '하늘의 영원한 여왕', '천상의 모후', '여왕이시여 사랑이 넘친 어머니'라고 부르며 지극한 사랑을 표현했다. 아직 갈라지지 않았던, 하나의 교회였던 5세기의 가르침을 13세기에 지어진 동방교회 성당에서 다시 한 번 만나는 건 반가운 일이었다.

이미 4세기부터 그리스도교가 전해졌던 오흐리드는 불가리아 제1제국 당시 보리스 1세가 그리스도교를 국교로 받아들인 후 성 클레멘스가 터를 잡으면서 '발칸의 예루살렘'이 되었다. 클레멘스는 893년 동료 나움과 함께 판텔레이몬 수도원에 대학을 열어 키릴 문자와 글라골리차 문자 등 슬라브 문자와 슬라브 문화, 예술과 영성을 가르쳤다. 이 학교를 졸업한 3500명의 학생을 통해 오흐리드는 슬라브 문화의 중심지가 되었다.

1000년도 전에 눈부시게 푸르렀던 오흐리드의 풍경이었다. 클레멘스는 이 도시의 눈부신 한때를 간직하게 해준 수호성인으로 공경받고 있다. 오흐리드에 365개의 성당이 있었다고 하는데 그곳만 해도 디미트리오스 성인에게 봉헌된 성당과 콘스탄티누스와 헬레나 성당이 있으니 벌써 세 개의 성당이 더 있었다.

바로 아래로 마을이 이어지고 그 너머로 반짝이는 호수가 아름다웠다. 1년 내내 얼지 않는 이 호수는 알바니아를 지나 아드리아 해까지 이어진다. 타는 듯한 햇살에 정신이 어질했지만 그 눈부신 순간들은 놓칠 수가 없었다. 짙푸른 나무들 사이로 장밋빛 지붕을 가진 집들과 호수, 파란 하늘이 액자 속 회화처럼 시야에 들어왔다. 구시가는 좁고 오래된 골목이 이어졌다. 복원 중인 로마시대 원형극장을 지나 요한 카네오 성당으로 내려가는 길이었다.

달콤한 미라벨 자두가 영글어가고 있었다. 금세 침이 고일 만큼 탐스러워 보이는 열매를 올려다보고 걷노라니 젊은 여인이 가지째 꺾어 건네주었다. 미소의 힘이란 이런 것이다. 옥상에 앉아 있는 그녀와 눈이 마주쳤을 때 반사적으로 웃음을 보냈다. '발칸의' 근엄한 표정을 지닌 그녀가 좀처럼 열릴 것 같지 않던 귀한 미소의 문을 열고 나직하게 웃었다. 그리고는 흐드러진 나무에서 가지를 꺾어 건넸다. 참 달고 상큼했다.

어느 순간 모퉁이를 돌자 낭만적인 풍경이 눈앞에 환히 나타났다. 오흐리드 호수에 돌출한 요한 카네오 성당이었다. 열려 있는 문으로 본당에 들어섰다. 밖은 호젓한데 본당 안에는 사람들이 가득했다. 크지 않은 공간에 사람들의 열기까지 더해져 너무 답답했

요한 카네오 성당은 바로 오흐리드 호수를 바라보고 있다. 영화 〈비포 더 레인〉은 이토록 아름다운 성당을 배경으로 찍어 그 고통이 더 극대화되었다.

다. 문득 숨이 막히는 것 같았다. 좁은 성당에서의 답답함이 숨 막히는 운명, 밀코 만체브스키 감독의 영화 〈비포 더 레인〉의 한 장면을 떠올리게 했다. 이 성당을 배경으로 펼쳐진 장면들 속의 소녀도, 묵언 중이던 젊은 수사도 운명의 급류를 거스를 수 없던 가없는 순간. 발칸의 고통이, 잊었던 이야기들이 숨 막힐 듯한 성당에서 되살아났다.

어쩌면, 영화의 모티프가 된 사건 속에서 사람들은 영화보다 더 숨이 막히고 더 불행했을 것이다. 한편으로 그들은 분명히 종교가 야기한 무서운 재앙의 피해자들이었다. 가족을 지키고 사랑하며 사는 것보다 종교가 가르치는 신념 때문에 딸과 조카에게, 사랑하는 친구와 연인에게까지 총부리를 겨누며 적으로 규정해야 하는 이들의 세계가 거기 어디쯤에 여전히 존재하던 곳이었다. 그 불행한 비극의 현장 마케도니아에 있었다.

영화는 끝났지만 현실은 어떤 상황일까. 미처 알지 못하는 그들의 이야기가 저릿했다. 종교가 사랑의 매개가 되는 게 아니라 폭력의 원인이 되어버린 이 땅에서 하느님은 어딘가를 헤매고 있는 게 아닐까. 정말 정처없이 사람들의 마을을 뒤로 하고 뒷골목을 서성이고 있는 건 아닐까. 복음사가 요한에게 봉헌된 이 성당, 세상에서 가장 아름다운 정원을 가졌다는 요한 카네오 교회에는 어떤 기도가 배어 있을까. 오흐리드 사람들의 작은 등대라는 이 성당에서 칠흑 같은 밤에 어떻게 불빛을 찾아야 하는지 묻고 싶었다.

밖으로 나갔다. 호수가 말도 못하게 좋았다. 푸른 나무 너머 호수의 윤슬이 마음에 콕콕 은빛 가시처럼 박혔다. 이토록 고요하고 이토록 평화로운데 발칸의 불행은 아직도 종지부를 찍은 게 아니었다. 그야말로 엔도 슈사쿠가 《침묵》에서 토로했던 그 탄식이 터져나왔다.

"인간은 이렇게 슬픈데 주여, 바다가 너무도 푸릅니다."

사이프러스 그늘에 앉아 하염없이 호수를 바라보는 한 청년이 있었고, 오후의 햇빛에 지쳐보이는 하얀 꽃들이 있었다.

요한 카네오 성당에서 소피아 성당으로 가기 위해서는 갑자기 현란한 세상의 한복판을 통과해야 했다. 고즈넉한 성당과 골목을 걸으며 한껏 느슨해졌던 정신이 화들짝 깨어났다. 바로 호수에 면한 길로 접어들다보니 한여름을 만끽하는 이들의 파라솔과 비키

요한 카네오에서 소피아 성당으로 가려면 부시게 아름다운 오흐리드 호숫가를 지나 1000년 전 골목으로 들어서야 한다. 성당 바로 옆으로는 오흐리드 가로등의 모델이 된 오스만투르크 당시의 전통 가옥이 서 있다.

니 차림으로 선탠하는 젊은이들의 대열을 지나가게 되었다. 잠잠했던 정신이 불쑥 들썩거렸다. 우리는 세상의 한복판에 있구나. 호수 위로 걸어다닐 수 있는 데크가 이어져 있었다. 그 길의 끝에 자기 집 앞에서 낚싯대를 드리운 할아버지가 세상 행복한 웃음을 지어보였다. 수영복을 입은 한 중년 여성이 문을 열고 집 밖으로 나왔다. 부럽기 그지없는 풍경이었다.

다시 골목으로 들어서니 좀 묘한 형태의 집이 보였다. 오흐리드시의 가로등 모델이기도 한 전통적인 오스만투르크식 주택이었다. 오흐리드의 전통가옥으로는 로베비 가족의 집이 가장 잘 알려져 있는데, 이런 양식은 지금도 터키 베이파자르나 사프란블루에서 많이 볼 수 있다. 좁은 골목에 짓느라 1층은 좁고 2, 3층으로 오를수록 넓어지는 형태여서 외관이 아슬아슬해 보이기도 했다.

바로 앞에 1000년 전 소피아 성당이 있었다. 불가리아 제국이 그리스도교를 받아들인 후 지어진 이 성당은 1000년 전의 신비로운 기억을 잊지 않았다. 이 성당 역시 오스만 제국 시절에 모스크로 사용하면서 프레스코화를 석고로 가렸다. 덕분에 1950년경부터 복원을 통해 11~13세기 비잔티움 프레스코화가 온전히 드러날 수 있었다. 여섯 교황의 프레스코화도 있다고 하는데 그 면면을 찾기는 어려웠다. 중요한 건 동방교회 성당에 가톨릭교회 교황들이 함께 있다는 점이었다. 명백하게 1054년 이전 그려진 이 기록들은 가슴 설렐 만큼 그립고도 아름다운 어떤 시절의 이야기였다. 1000년 전, 아직 동서교회의 구분이 없던 시절이었다. 교회의 옛 교부들, 카파도키아의 세 교부와 요한 크리소스토모와 옛 스승들이 모두 함께 머무는 곳. 갈라지지 않고 흩어지지 않고 아직은 한 형제라는 의식으로 존재하던 날들의 흔적이었다.

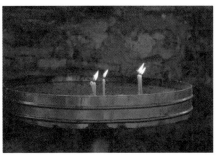

소피아 성당 역시 오스만 제국 시절에는 모스크로 사용되면서 프레스코화에 회칠을 했다. 성화벽은 내부 장식을 위해 쓰이고 돔 위에 미나레트가 세워졌다. 1950년대에 복원이 시작되자 프레스코화 속에서 천 년 전 갈라지지 않았던 그리스도교회의 교부와 성인들이 함께 드러났다.

구시가를 벗어나는 마을 광장에 작은 분수대와 화분으로 장식한 키 큰 가로등이 한낮의 햇살을 담뿍 받고 서 있었다. 그 어디쯤 성 나움의 청동상을 지나는데 길 저편으로 성 키릴과 메토디오 형제의 상이 보였다.

　권력을 강화하는 수단으로 언어와 문자를 독점하던 것이 인류의 역사였다. 그러다 보니 이 형제들의 작업은 교회 안에서도 환영받지 못한 일이었던 게 분명하다. 지금이야 모두가 모국어로 예배하고 모두가 자기 말로 된 성경을 갖고 있지만 당장 100년 전만 해도 그것은 꿈같은 일이었다. 그런데 1000년도 더 된 863년, 이들은 슬라브 사람들이 쓰는 말과 글로 예수님의 가르침을 전하고자 했다. 진정한 토착화였다. 진실로 예수님을 사랑하고 그 길을 열망하면서 모든 사람들에게 '길이요 진리요 생명'인 예수님, 자신이 알고 겪은 그 예수님을 전하고자 한 일이었다. 그 때문에 그들은 실제로 핍박을 당하기도 했다. 그들의 제자인 클레멘스와 나움도 마찬가지였다. 그들은 모라비아에서 추방되었다. 그들을 받아들여 하던 일을 계속하게 지원한 것이 불가리아였다. 덕분에 불가리아는 키릴문자의 본향이라는 영원한 자긍심을 갖게 되었다.

　863년 모라비아 공국의 라스티슬라프 황제가 슬라브어 예배가 가능한 사제를 비잔티움 제국에 요청했다. 당시 모라비아는 이미 서방교회 동프랑크 선교사들이 들어와 그리스도교를 받아들인 상태였다. 복잡하게 얽혀 있는 종교적·정치적 상황이었다. 라스티슬라프는 "수많은 선교사가 이탈리아, 그리스, 독일에서 와 여러 방식으로 가르쳤지만 우리 슬라브 민족이 알아들을 수 있는 방식으로 우리를 진리로 인도하고 가르친 사람은 없었다."고 청했다.

한여름 오흐리드 구시가에 햇빛이 쏟아
졌다. 성 나움 상을 스치며 성 키릴과 메
토디오 형제의 조각상도 만났다. 미사를
드린 동방가톨릭교회에도 키릴과 메토디
오 형제의 조각상(아래 사진)이 있었다.

테살로니카 태생으로 어머니가 불가리아 사람이었던 키릴과 메토디오 형제가 적임자였다. 그들은 비잔티움 제국 곳곳에 살고 있는 슬라브인들이 자신들의 언어를 쓰고 있다는 걸 알았다. 하지만 그들은 문자를 갖고 있지 못했다.

모라비아로 떠나기 전에 키릴은 비잔티움 제국 미하일 3세에게 "문자와 책 없이 설교하는 것은 물 위에 글을 쓰는 것과 같다."고 말했다. 성화상논쟁을 종결한 테오도라의 아들은 키릴과 메토디오 형제의 선의와 믿음을 존중했다. 이 형제는 모라비아로 떠나기 전에 중요한 교회 서적을 이미 고대 불가리아어로 번역했다. 그들은 모라비아의 슬라브족에게 선교를 시작하며 슬라브어로 예배드렸다. 그리고 그리스 문자에 기초해 슬라브 알파벳을 만들었다.

당시 서구에서 전례에 쓰인 공식적인 언어는 라틴어였다. 물론 초대교회의 전통을 이어받은 아르메니아, 페르시아, 조지아, 콥트, 시리아 지역에서는 자신들의 말을 전례에 사용하고 있었다. 서방교회에서 라틴어를 요구한 것은 현실적인 문제이기도 했다. 민족들의 이동으로 여러 인종, 여러 민족, 여러 말을 쓰는 사람들이 모여들었기 때문에 교회는 새로운 그리스도인들의 일치를 위해서도 하나의 언어로 통일시킬 필요가 있었다. 실제로 라틴 문화의 확대는 유럽사회를 더욱 긴밀히 일치시키는 요소가 되었다.

서방교회에서는 오직 세 개의 언어만이 거룩하다고 알려져 있었다. 히브리어, 라틴어, 그리고 그리스어였다. 많은 성직자들이 슬라브어로 예배를 드리고 슬라브 문자를 만들어 전하는 키릴과 메토디오 형제에 대한 반감을 드러냈다. 키릴은 "하느님은 모든 이에게 골고루 비를 내려주시지 않습니까? 또한 태양도 모든 이에게 비치지 않습니까?"(마태 5,45 참조)라며 그들의 주장을 반박했다. 예수님을 못 박은 십자가에 빌라도가 이 세 언어로 '이자는 유다인들의 임금 예수다'라고 썼기 때문에 키릴은 세 가지 문자만을 고집하는 그들을 '빌라도쪽 사람들'이라고 불렀다고 전해진다. 867년쯤에 키릴과 메토디오는 교황 하드리아누스 2세를 만나 고대 불가리아어로 선교할 수 있게 되었다.

869년 키릴이 로마에서 세상을 떠난 후 메토디오는 교황 사절이자 시르미움 대주교로서 슬라브족에게 파견되었다. 모라비아전 지역이 그의 관할구역이었다. 하지만 라스티슬라프의 조카이자 후계자인 스바토프루크 1세는 전임자와 생각이 달랐다. 라틴교회의 예배를 고수하던 그는 슬라브 문자의 확산을 원치 않았기 때문에 메토디오와 갈등이 생겼다. 870년에는 독일 성직자들이 다른 주교의 관할을 침범했다는 혐의로 메토디오를 재판에 회부해 가혹행위를 하고 투옥하였다. 880년 교황 요한 8세의 중재로 석방된 메토디오는 슬라브 전례 문제로 다시 로마에 소환되었지만 오히려 슬라브 지방의 언어로 예배를 드려도 된다는 승인을 받았다.

당시는 끊임없는 전쟁의 시대였다. 어디에도 안정적이고 지속적인 평화는 없었다. 불가리아 제국 또한 서방교회를 받아들였다가 비잔티움 제국의 압력에 떠밀려 정교회를 수용해야 했다. 그 미묘하고 복잡한 상황에서 키릴과 메토디오 형제는 자신들의 직분에 충실했다. 그들은 동방교회와 비잔티움 제국에 속한 선교사임에도 교황에게 자신들의 일을 보고하고 승인받기를 청했다. 하나의 교회 안에서 오직 하나의 복음을 전하고자 하는 그들에게 현실은 때로 가시밭이었다. 그들은 동서방교회 사이에서 오해를 받고 비방을 당하고 사도 바오로처럼 투옥되기도 했다. 그 후 교회는 더 갈등의 골이 깊어지고 더 불화하고 더 참담한 반목의 시기들을 겪으며 돌이키기 어려운 지경까지 치닫기도 했다.

키릴과 메토디오가 세상을 떠난 뒤 교황 스테파노 5세는 두 형제의 수고를 뒤로 하고 전례에서 슬라브어 사용을 금지했다. 그리고 그들의 제자는 모라비아에서 추방되었다. 그들을 받아들여 피난처를 제공한 것이 불가리아의 보리스 1세였다. 특히 클레멘스는 오흐리드의 주교로서 여기서 키릴 문자를 완성했다.

움브리아 평원을 뛰어다니며 청춘을 구가하던 아시시의 부잣집 아들 성 프란치스코는 어느 날 세상의 모든 좋은 것을 버리고 '가난부인'과 혼인했다. 성 키릴은 '지혜(소피아)'를 평생의 반려로 선택했다고 전해진다. "지혜에게 '너는 내 누이!'라 하고 예지를 친지라 불러라."(잠언 7,4) 그는 평생 카파도키아의 위대한 교부 가운데 한 사람인 나지안조의 그레고리오를 닮고자 했다.

"몸은 사람이요 영혼은 천사의 것을 지닌 그레고리오여, 인간의 몸을 하고 진실로 천사 같은 분이여! 당신의 입은 세라핌의 것과 같아 하느님을 찬양하고 올바른 믿음의 해석으로 온 세상을 밝히십니다. 당신 앞에 믿음과 사랑으로 무릎 꿇고 있는 저도 이끌어주십시오. 저의 스승과 계몽자가 되어주십시오."(신우태 편저, 《성 끼릴과 함께 떠나는 중세여행》, 명지출판사, 2001)

그리고 그 역시 스승을 닮은 뛰어난 학자이자 슬기로운 신학자였다. 아마 그도 후대의 무수한 이들에게 그렇게 되었을 것이다.

광장에도 호숫가에도 모든 불순물을 없애버릴 만큼 강렬한 햇빛이 눈부시게 내리쬐고 있었다. 그 찬란한 빛이 깊은 그림자를 만들어 역광 속의 키릴과 메토디오 상도 도리어 깊고 오래된 어둠에 젖어갔다.

곳곳에 남아 있는
사라예보의 장미들

보스니아로 들어서는 순간 거짓말처럼 안개가 몰려들었다. 헤르체고비나였다. 가톨릭 지역이지만 그래도 모스크와 하얀 묘비들이 보이고 석류가 익어가고 있었다. 포도밭이 줄지어 지나갔다. 메주고리예가 멀지 않은 곳이었다. 지형은 영락없이 메주고리예와 똑같았다. 메주고리예는 1981년 성모마리아가 발현했다고 알려져 가톨릭 신자들의 발길이 이어지는 곳이다.

붉고 낮은 집들이 빼곡하게 들어앉은 언덕을 바라보며 사라예보 서쪽으로 달렸다. 겉으로 보아서는 아무렇지 않은 듯한 사라예보에 들어서서, 식당 벽 높이 티토의 사진이 걸린 바슈카르지아의 한 식당에서 점심을 먹었다.

제1차 세계대전의 도화선이 된 라틴 다리에 서다

사라예보 도심을 가로지르는 밀라츠카 강을 따라 걸었다. 햇빛 좋은 날이었다. 크지 않은 모스크의 미나레트가 드문드문 솟아 있고 강에는 소박한 다리들이 놓여 있었다. 드디어 제1차 세계대전의 시발점, 그곳에 섰다.

1914년 보스니아 헤르체고비나 주재 오스트리아 총독이 사라예보에서 열리는 군대사열식에 황태자 부부를 초청했다. 세르비아 민족단체와 보스니아 군사정보부는 세르비아인의 민족의식을 부추겨 합스부르크 제국 내 긴장을 고조시키고 혁명을 일으키려는 계획으로 일곱 명의 저격수를 요소에 배치했다. 더욱이 6월 28일, 그날은 1389년 오스만 제국이 세르비아 왕국을 정복한 날로 보스니아로서는 국치일이었다. 하필 그날, 그로부터 몇 해 전인 1908년 보스니아를 무력으로 병합한 오스트리아 황태자가 온다는 것은 보스니아 사람들로서는 더할 수 없이 치욕스러운 일이기도 했다.

1453년 콘스탄티노플 공략에 성공해 비잔티움 제국 1000년을 뒤로 하고 새로운 대제국을 이어온 오스만 제국이 19세기 들어 종이호랑이가 되었다. 특히 자유주의와 민족주의의 확산으로 발칸반도에서 오스만 제국의 지배력은 급격히 약화되었다. 마침내 그리스는 오스만 제국으로부터 독립을 얻어냈고, 발칸의 남슬라브인들 역시 범슬라브주의로 단일국가를 세우자는 운동을 시작했다. 그 중심에 세르비아가 있었다.

강대국들이 발칸유럽의 새로운 주인을 꿈꾸고 있을 때 러시아가 같은 슬라브 민족이자 정교인들을 보호하겠다는 명분으로 발칸에 개입하기 시작했다. 네 차례에 걸친 러시아-투르크 전쟁이 끝난 후 1878년 체결한 산스테파노 조약으로 사실상 발칸반도 전역이 러시아의 영향력 아래 놓였다. 결국 서유럽 열강들의 견제로 열린 베를린 회의에서 오스트리아-헝가리 제국은 보스니아 헤르체고비나의 관할권을 얻었다. 그리고 1908년에는 보스니아를 강제 병합하고 말았다. 슬라브 민족의 나라를 꿈꾸고 있던 보스니아 청년들을 분노하게 만든 결정이었다.

라틴 다리. 한때는 프린치프 다리라고도 불렸던 다리 너머 작은 뮤지엄이 보인다. 밀랴츠카 강 위의 이 라틴 다리에서 제1차 세계대전을 촉발시킨 프린치프의 총성이 울렸다.

가브릴로 프린치프는 그날 배치된 저격수 일곱 명 가운데 한 청년이었다. 끊임없이 외세의 지배를 받던 발칸에서 민족의 미래를 고민하는 것은 청년으로서 당연한 일이었을지 모른다. 프린치프는 '청년 보스니아 운동'의 일원이었는데, 이 단체는 당시 오스트리아-헝가리 이중제국의 지배를 받고 있던 모든 남슬라브 민족의 해방을 주장했다. 《드리나 강의 다리》로 노벨문학상을 받은 이보 안드리치 역시 이 운동에 적극적으로 참여했고, 사라예보 저격사건에 연루됐다고 믿는 오스트리아 경찰에 체포되어 수감되기도 했다.

프린치프는 황태자 부부의 마차가 이동하는 곳에 매복해 있다가 저격에 실패하고, 다리 건너 모퉁이에 있는 모리츠 쉴러 카페에서 샌드위치를 먹고 있었다. 그때 다시 한 번 운명의 시간이 다가왔다. 첫번째 저격에서 부상을 입은 운전수의 병문안을 위해 오스트리아-헝가리 제국 왕위 계승자인 프란츠 페르디난트 대공 부부가 이 다리로 들어선 것이다. 정말 '운명의 장난' 같은 죽음이었다. 결국 두번째 저격이 성공하고 말았다. 프린치프는 법정에서 "나는 유고슬라비아가 어떤 정치체제를 갖는가에는 관심이 없지만 반드시 오스트리아로부터는 자유로워져야 한다."고 밝혔다. 20년형을 받은 그는 1918년 감옥에서 결핵으로 세상을 떠났다.

오스만 제국이 쇠퇴하면서, 오스트리아-헝가리 제국 역시 발칸의 새로운 주인을 꿈꾸며 줄곧 전쟁을 원하고 있었다. 그날 프린치프의 저격은 전쟁의 결정적인 명분이 되었다. 한 달 뒤 오스트리아-헝가리 제국이 세르비아에 선전포고를 하고 바로 다음날 벨그라드를 폭격했다. 유럽의 강대국들이 뛰어들어 제1차 세계대전

사라예보 사건으로 세상을 떠난 페르디난트 대공 부부는 신분의 장벽을 뛰어넘어 사랑하고 가정을 이뤘지만 비극적인 죽음을 맞아야 했다. 프란츠 페르디난트 대공 부부와 세 자녀(1910).

으로 확대된 이 전쟁은 1000만 명의 사망자를 내고 4년 만에 막을 내렸다.

이날 프린치프에게 저격당한 황태자 페르디난트는 프란츠 요제프 황제의 후계자였다. 황제의 외아들 루돌프 황태자가 자살한 후 황제의 둘째동생의 장남인 프란츠 페르디난트가 황태자가 되었다. 그와 함께 세상을 떠난 황태자비 조피는 합스부르크 왕가의 근친혼과 관계없는 집안의 딸이었다. 본래 황태자는 합스부르크 왕가의 피를 이어받은 마리 크리스틴과 공식적인 관계였지만 그가 사랑한 것은 조피였다. 황실은 이들의 귀천상혼을 반대하며 숱한 압력을 가했지만 황태자는 결국 조피와 결혼했다. 그리고 같은 날 세상을 떠났다. 그들의 사랑은 지상에서 영원했으나 합스부르크 왕가는 이내 역사에서 사라졌다.

역사의 아이러니는 계속되었다. 프린치프 같은 청년들이 민족주의에 눈을 떠 열정에 사로잡혔던 대가는 제1차 세계대전이라는 불행한 역사를 초래했다. 그런데 전쟁을 일으킨 오스트리아 제국이 참패하면서 결과적으로는 그 청년들이 원하던 슬라브 민족의 나라가 형성되었다. 티토가 구현해낸 유고슬라비아였다.

또 한 번의 비극

100년 전의 이 엄청난 사건으로 사라예보는 암울한 역사의 한 장면이 되었다. 하지만 더 참혹하고 견디기 힘든 순간도 있었다. 그 일은 채 서른 해도 지나지 않았다.

1980년 티토가 세상을 떠나자 유고연방을 지탱하고 있던 힘의 균형이 깨져버렸다. 저마다 눌러왔던 민족주의적 열정이 부활하기 시작했다. 무엇보다 세르비아의 독주가 다른 연방들을 불편하게 만들었다. 1987년 세르비아의 슬로보단 밀로셰비치가 '대 세르비아'주의를 주창하면서 유고연방의 전쟁이 촉발됐다. 1991년 슬로베니아, 크로아티아, 마케도니아에 이어 1992년 보스니아 헤르체고비나까지 분리독립함으로써 유고슬라비아 사회주의연방공화국은 해체되어 역사 속으로 사라졌다. 그 과정에서 보스니아는 단말마의 고통을 겪었다. 세르비아는 유고연방에서 독립하려는 보스니아의 숨통을 조였다. 그리고 내전을 종용했다. 보스니아의 무슬림과 크로아티아계 가톨릭 세력이 힘을 합쳐 독립을 꾀하자 세르비아계가 이를 거부하면서 결국 전쟁이 시작되었다. 모스타르의 그 오래된 다리도 이 전쟁으로 무너졌다가 복원되었다. 전쟁의 중심지였던 수도 사라예보는 더 참혹한 현장이 되었다.

바슈카르지아의 한 가게 앞에 1992년부터 거의 4년 동안 세르비아 군대가 사라예보를 포위하고 매일같이 폭격하던 당시의 기

모든 전쟁은 참혹하다.
보스니아 전쟁 당시 사진들이 바슈카르지아에 붙어 있다.

록사진들이 붙어 있었다. 그때 유고연방의 지원을 받은 세르비아 민병대는 물과 전기, 음식과 난방시설 등을 모두 차단했다. 그리고는 매일 언덕 위에서 폭탄을 떨어뜨리고 무차별 폭격을 해 도시를 죽음의 공포로 몰아넣었다. 하루 평균 329개의 포탄이 도시에 떨어졌고 1993년 7월 22일에는 무려 3777개가 날아왔다고 한다. 시민 1만2000명 이상이 죽었고 5만 명 넘는 중상자가 생겼다. 세르비아의 인종청소에 격앙되고 분노한 사라예보 사람들 역시 사라예보에 살던 세르비아 사람들을 '처형'했다. 죽고 죽이는 형제들, 정말 아비규환이 따로 없었을 참담한 전쟁이었다.

지금은 박물관으로 이용되는 '생명의 터널' 사진도 있었다. 사라예보가 포위된 지 몇 달이 지나 보스니아 군인과 시민들이 사라예보 인근인 부트미르에서 터널을 뚫기 시작했다. 6개월이 지나 길이 800미터, 너비 1.5미터의 터널을 통해 사라예보 시민들에게 음식과 생필품이 전해지게 되었다. 생명의 터널이자 희망의 터널이었다. 그런데 나중에 알고 보니 이 생명의 터널조차 모두에게 공평한 것은 아니었다고 한다. 당시 사라예보 사람의 대부분이 한 조각 빵과 한 병의 물을 구하기 위해 목숨을 걸 정도였지만 그 와중에 사라예보에는 새로 뽑은 스포츠카를 타고 다니는 사람도 있었다.

사라예보의 첼리스트와 어여쁜 소녀 사라

"상황이 악화되는 걸 막아줄 수 있는 게 단 하나 있다면 그건 아마도 자신이 할 수 있는 일을 지금 하고 있는 사람들일 것이다."

《사라예보의 첼리스트》에서 스티븐 갤러웨이(Steven Galloway)는 담담하게 말했다. 그러나 '할 줄 아는 게 그것밖에 없어서' 첼리스트가 목숨을 내놓은 채 연주를 하고, 누군가는 가족을 위해 빵 한 조각, 물 한 통을 구하러 또 목숨을 걸 때 누군가는 타고난 머리로 돈을 벌고 있었다. 사라예보라고 다르지 않았다.

어마어마한 암거래 식품이 공항 밑을 지나는 터널을 통해 사라예보로 몰래 반입되고 있다는 사실은 알고 있다. 터널을 지나려면 정부에 연줄이 있는 누군가를 알아야 하고 터널이 하루 스물네 시간 열려 있다 해도 끝까지 통과할 수 있는 사람은 거의 없다. 케난은 이렇게 터널을 통과하는 일들을 통해 스포츠카를 타고 다니는 자들이 부자가 된 것이라고 추측한다. 그는 어떻게 그럴 수 있는지, 어떻게 자기처럼 꼼짝없이 굶주림에 허덕이는 사람들을 이용해 돈을 벌 수 있는지 이해할 수가 없다.

—스티븐 갤러웨이, 《사라예보의 첼리스트》(문학동네, 2008)

세르비아 민병대는 외부와의 연결이 완전히 끊어진 도시에서 시내를 지나다니는 시민들을 무차별 사격했다. 어느 길이 안전한지는 아무도 알 수가 없었다. 저격수들은 고층 빌딩이나 언덕 위에서 시민들을 조준 사격했다. 그러나 아무리 죽음이 코앞에 있어도 사람들은 물을 마셔야 했고 식량을 구해야 했다. 두려움을 무릅쓰고 거리로 나섰던 수백 명이 죽고 다쳤다. 그날도 그랬을 것이다. 누구는 물을 길러 집을 나섰고, 누구는 빵을 사러 떨어지지 않는 걸음을 떼야 했을 것이다. 누구는 유효기간이 지났지만 없는 것보다는 나을 거라고 생각하며 누군가에게 약을 전해주기 위해 거리로 나섰다. 그리고 빵을 사려고 줄을 서 있던 사람 22명이 몰살을 당했다. 1992년 5월 27일 오후였다.

다음날 오후 4시, 검은 옷을 입은 한 남자가 그 거리에 나타났

2006년 제작된 영화 〈그르바비차〉의 원제는 '에스마의 비밀'이다. 전쟁 중에 세르비아 군에게 납치 폭행당해 너무도 사랑스러운 딸 사라를 낳았다는 사실이 엄마 에스마의 비밀이다. 영화 속 사라 같은 경쾌한 젊은이들이 사라예보에 참 많았다.

다. 그는 첼로를 꺼내 연주를 시작했다. 알비노니의 〈아다지오 G 단조〉였다. 선율이 피 흘리는 거리에 젖어들었다. 사람의 목소리 가 들리지 않는, 사람의 발소리가 멎어버린, 사람들의 숨소리조차 들리지 않는 그 시간에 오직 첼로만이 가득했다. 무너진 벽에도 유리창이 깨져버린 창에도, 구멍 난 천장과 사람들의 가슴에도 느닷없는 첼로가 그들을 껴안았다. 말로 다할 수 없는 공포와 두려움 속으로 음악이 생명의 물길처럼 흘러내렸다.

연주자는 사라예보 필하모닉 첼로 주자 베드란 스마일로비치(Vedran Smailovic)였다. 첼로만이 자신이 가진 유일한 무기였던 그는, 그 순간 자신이 할 수 있는 일을 하고자 했다. 무너지고 찢어지고 피 흘리던 도시 사라예보에 울려 퍼진 진혼곡 속에 시민도 저격수도 숨을 죽였다. 스마일로비치는 22명의 죽음을 기억하며 22일 동안 연주를 계속했다. 그리고는 고국을 떠났다.

1994년 영국 맨체스터 국제 첼로축전에서 요요마는 영국 작곡가 데이비드 와일드(David Wilde)가 그날의 사라예보를 기억하며 형제애로 작곡한 또 하나의 〈사라예보의 첼리스트〉를 선보였다. 한 남자가 하염없이 눈물을 흘리며 귀를 기울이고 있었다. 연주를 끝낸 요요마는 그를 무대로 불러 껴안고 울었다. 그는 스마일로비치였다.

인간의 위대함을, 인간의 따뜻한 사랑과 연민을, 사랑이 가능하게 하는 용기를 상기시키는, 바로 그곳이 지척에 있었다. '저격수의 거리' 또한 우리가 걷는 길과 이어지고 있었다. 때로는 우리 삶 전체가 '저격수의 거리'가 되곤 한다. 우리에게 일본이 그랬듯, 아르메니아에서 터키가 그랬듯, 그날은 보스니아에서 세르비아가 그토록 끔찍한 폭력을 행사했다. 그러나 다른 나라들만의 일이랴. 한 나라 안에서도 비극은 끊임없이 이어져왔다. 사정이 이렇다 보니 사라예보는 우울한 도시라는 인상을 피하기가 어려웠다. 떠오르는 단어들이 늘 내전과 폭격과 도화선, 라틴 다리의 저격 등이니 불가피한 면도 있었다.

스티븐 갤러웨이는 드라간의 입을 통해 말했다.

"이 도시가 사라진다면, 그건 언덕 위의 저들 때문이 아니라 이

골짜기 안에 있는 사람들 때문일 것이다. 그들이 죽음과 함께 사는 데 만족하고, 언덕 위의 저들이 원하는 모습대로 될 때, 그때 사라예보는 사라질 것이다.”

그러나 사라예보는 사라지지 않았고, 첼리스트도 살아남았다. 그리고 영화 〈그르바비차〉의 사랑스러운 소녀 사라도 씩씩하게 살아나갈 것이다. 실제로 사라예보에서 스친 젊은이들은 어디보다도 밝고 활기찼다. 시크하고 예쁜 '사라'들이 경쾌하게 거리를 누비고 있었다.

곳곳에 남아 있는 '사라예보의 장미'들이 처참한 기억을 일깨웠다. 내전 동안 포탄이 떨어져 패인 아스팔트를 레진으로 붉게 메워놓은 모습이 장미꽃 같다고 붙여진 이 꽃자리들은, 말하자면 쓰라린 기억을 상기시키는 상징이었다. 사라예보의 어떤 가이드는 “프랑스는 라벤더를 가지고 있고 네덜란드에는 튤립이 있죠. 이곳 사라예보에는 장미가 있답니다.”라고 안내한다고 한다.

도심 한복판에 있는 예수성심 대성당 마당에도 장미는 피어 있었다. 19세기에 지어진 이 가톨릭 성당은 사라예보의 문장에도 등장할 만큼 상징적인 의미를 갖고 있는 곳으로 성당 앞에는 성 요한바오로 2세의 독특한 조각상이 세워져 있다. 유고전쟁 때 화해

포탄이 떨어져 패인 자리를 붉게 메운 '사라예보의 장미'가 가톨릭 성당 마당에도 피어 있다. 은회색 조각상은 유고전쟁 때 평화를 위해 애쓴 요한바오로 2세를 기념해 사라예보 시민들의 모금으로 세운 것이라고 한다.

와 평화를 위해 애쓴 공로를 기리며 2014년 4월 사라예보 시민들의 기금으로 제막된 조각상이었다.

언덕에 포병을 배치했던 세르비아 군은 거의 4년 동안 사라예보 시가를 향해 포탄을 투하했다. 사람이 죽고 건물이 무너지고 길이 패였다. 전쟁이 끝난 후 살아남은 이들은 희생자들을 기억하며 패인 자리를 메웠다. 거의 1000여 곳에 있었다는 사라예보의 장미는 점점 퇴색해 희미해지고 있었다.

사라예보에 굳이 왜 왔는지 모르겠다며 먹구름 잔뜩 드리운 표정인 일행이 있었다. 우울함 때문이었을 거다. 일상에서 벗어나 좀 가벼운 위안을 얻고 싶었을 여행에서 굳이 우리 삶과는 관계가 없어 보이는 먼 나라의 불행한 역사를 짚어보는 일이 불편했을 것도 같다. 하지만 사라예보는 무슨 기괴한 도시가 아니었다. 1973년에는 우리나라 이에리사 선수 등이 세계탁구선수권대회에서 단체전을 석권한 곳이었고, 1984년에는 동구권에서는 처음으로 동계올림픽이 열리기도 한 도시였다. 똑같은 일상을 살아가던 지극히 평범한 이 도시가 그토록 끔찍한 비극의 현장이 되었던 거다. 1980년 광주가 그랬던 것처럼.

영화 〈그르바비차〉의 에스마의 슬픔을, 첼리스트의 두려움을, 모두가 다 같이 느껴야 하는 건 아니지만 바로 그 땅에서, 그 길을 걸으며 잠시라도 그들을 기억할 수 있으면 좋겠다 싶었다. 다시는 우리 모두에게 그런 비극이 없기를 같이 기도하고 싶었다. 비록 입으로 꺼내지는 않더라도 마음 안에 그들을 위한 촛불 하나 켜지기를 바랐다. 하지만 그 순간 정말 필요한 건 구겨진 동행의 표정을 밝힐 하나의 촛불이었다.

'유럽의 예루살렘'이었다는
이 도시 사라예보

모스크, 동서방교회, 회당 들이 한데 있는

예루살렘이 곳곳에 있다. 보스니아 헤르체고비나의 수도 사라예보는 '발칸유럽의 예루살렘'이라고 불린다. 발트해 연안 리투아니아의 수도 빌뉴스는 '북방의 예루살렘'으로 불렸다는 도시다. 365개의 성당이 있었다는 오흐리드 역시 '북마케도니아의 예루살렘'으로 불린다! 예루살렘은 '평화의 도시'라는 뜻인데 생각해보면 그것은 지향일 뿐 현실은 전혀 다른 것 같다. 예루살렘이라는 별명을 얻은 사라예보나 빌뉴스 역시 그렇다. 두 도시 또한 무척 곤고한 세월을 겪어왔다. 그런데 정작 사라예보 사람들은 '유럽의 예루살렘'이라는 이름보다 '북방의 다마스쿠스'라는 표현을 한다. 생각해보니 이런 표현도 서구적 시각이었다.

보스니아 사람들은 관용적이었던 것일까 모호했던 것일까. 보스니아의 종교적 지형은 좀 독특했다. 동서 로마의 분기점이자 서방과 동방교회의 교차지점이었던 지정학적 요인 때문에 보스니아는 종종 양 교회의 힘겨루기 장소가 되곤 했다. 지배 세력이 빈번하게 바뀌면서 종교 또한 달라졌기 때문에 보스니아 사람들의 신앙심은 그리 깊지 않았다. 귀족은 시류에 따라 종교를 바꾸며 기득권을 유지하는 데 몰두했다. 종교가 공동체의 생사여탈을 좌우하던 주변국과는 달리 보스니아의 종교 정책은 보다 완화된 형태였다.

13세기에는 10세기경에 불가리아에서 태어난 보고밀교가 힘을 뻗치기 시작했다. 세르비아에서는 네마냐 왕조의 강력한 정교회 중심 정책 때문에 힘도 못쓰고 밀려난 참이었다. 보고밀교는 그리스도교 이단쯤으로 여겨지지만 실상은 이원론적인 종교단체가 그리스도교의 일부 요소를 빌린 것이라고 평가된다. 그럼에도 어차피 그리스도교 자체에 대해 무지했던 사람들은 보다 색깔이 분명한 보고밀교에 빠져들었다. 그들은 스스로 '보스니아 교회'로 불리기를 즐겼다. 그러나 불가리아에서 그랬듯이 보스니아가 보고밀주의를 뿌리 깊게 받아들인 것은 분명히 음울한 전조였다. 그들은 점차 민중 종교로 자리 잡으며 외세에 대한 항전에서도 의미 있는 역할을 하기 시작했다. 보고밀교는 보스니아와 서구세계를 단절시켰다.

그리고 나중에는 이슬람이 그 담벼락이 되었다. 그리스도교 정통 신앙인 동서교회 어느 쪽에도 속하지 않던 보고밀교도들은 오스만 제국 시절이 되자 이교도의 종교인 이슬람을 받아들였다. 보스니아가 발칸에서 설 자리는 점점 애매해질 수밖에 없었다. 보스니아 귀족과 부유층들은 이슬람으로 개종함으로써 오스만 제국에서도 토지와 권력을 고스란히 소유할 수 있었다.

대부분의 주변국이 그리스도교 신앙을 간직해온 것과 달리 서로 다른 종교가 뒤섞이며 수백 년을 살다보니 보스니아 사람들은 타인의 문화를 존중하는 관용을 체득하고 있었다. 특히 유럽 전역에서 배척당하던 유다교 회당이 시내 한복판에 있는 경우는 거의 없었다. '유럽의 예루살렘'이라는 사라예보의 별명이 괜히 생긴 게 아니었다. 실제로 반경 1킬로미터 안에 이슬람 모스크, 정교회와 가톨릭의 성당, 그리고 유다교 회당이 옹기종기 함께하고 있었다. 산 자들의 도시만이 아니었다. 사라예보의 바레 묘지에는 무슬림과 정교인, 그리스도인의 무덤은 물론 무신론자들까지 묻혀 있다고 한다. 영락없이 무덤조차 '사자(死者)들의 예루살렘'이다.

평화와 공존을 꿈꾸던 도시의 자취

사라예보는 1450년대에 오스만 제국의 도시가 되어 크게 발전했다. 1462년에 사라예보를 통치한 이사베그 이샤코비치는 완전히 새로운 도시의 토대를 마련했다. 이 도시의 설립자라고 불리는 그가 무엇을 어떻게 건설했는지에 대한 기록이 《바쿠파나마 Vakufnama》에 남아 있다고 한다. 무함마드의 언행을 기록한 〈하디스〉가 가르치는 것처럼 무슬림들은 공익을 위한 자선단체를 설립해 모스크와 학교, 병원, 고아원 등을 운영했다. 이를 와크프 (waqf)라고 하는데, 한 번 기부한 재산은 영속적인 효력을 가졌다.

그는 먼저 여행자와 상인들이 머물 수 있는 숙소를 세웠다. 여행자들은 사흘 동안 숙식이 제공되는 이곳에 묵을 수 있었다. 여기서 남은 식량은 사라예보의 가난한 아이들에게 나눠졌다. 이 시기에 지어진 바슈카르지아는 400년 넘게 이어진 오스만 제국의 통치 동안 황금시대를 누렸다. 상인들이 교역을 하고 종교적 활동을 하고 충분히 휴식할 수 있는 모든 것이 바슈카르지아에 있었다. 술탄의 모스크를 지은 것도 그였다. 사라예보의 첫 숙박업소였던 카라반 사라이 코로바라한은 40개의 객실이 있는 넓은 여관으로 400여 명의 투숙객과 35마리의 말을 수용할 수 있었다.

밀라츠카 강가 도시의 한복판에 '중앙시장'이라는 뜻의 바슈카르지아가 있었다. 시장이라기보다는 사라예보를 넘어 당시 발칸 반도에서도 가장 큰 교역 중심지였다. 당시에는 약 1만2000개의 상점과 피렌체, 베네치아, 두브로브니크 상인들의 무역거래소가 설치되기도 했다. 오스만 제국 시절로 돌아간 듯 낮은 터키식 집들이 즐비한 바슈카르지아에 들어서니 그야말로 하늘을 나는 양탄자도 팔 것 같은 가게들이 현란한 빛깔로 눈길을 유혹했다. 수많은 기념품 가게들과 카페들, 그리고 가업을 이어 금은을 세공하고 직물을 만드는 장인들의 거리였다. 바슈카르지아는 금속이나 가죽공예, 보석류, 도자기 등 업종에 따라 정비되었다. 하지만 점차 관광상품들을 더 많이 판매하면서부터 엄격한 규율도 느슨해져 왔다고 한다.

19세기 들어 보스니아를 차지한 오스트리아-헝가리 제국은 사라예보를 현대적인 도시로 바꾸려고 시도했다. 유럽 최초로 트램 레일이 사라예보에 깔리고 전기가 개통되었다. 이 시기에 바슈카르지아는 방치되었다. 제2차 세계대전이 끝나고 새롭게 의미를 되찾아오던 중에 1984년 올림픽을 위해 개보수를 해 또다시 생명력을 얻고 있다.

이사베그 이샤코비치가 도시의 기초를 놓았다면 실제로 역사적인 사라예보를 창조해낸 것은 가지후스레프 베그의 공이었다. 사라예보의 오래된 거리에서 그의 자취를 찾아보는 것도 흥미로운 일이다. 그가 보스니아를 통치하던 1521~41년에 사라예보는 '도시들 가운데 꽃'이라고 불리며 오스만 제국의 수도 이스탄불에 이어서 두번째 자리를 차지할 만큼 번영을 누렸다. 사람들은 주변 지역이 없어도 사라예보를 상상할 수 있지만 바슈카르지아나 술탄의 모스크가 없는 이 도시는 상상할 수 없다고 말한다. 무엇보

오스만 제국 당시 바슈카르지아는 단순히 시장이 아니라 발칸반도에서 가장 큰 교역의 중심지였다. 지금은 관광지가 되었지만 여전히 가업을 이어가는 장인들의 거리이기도 하다. 어떤 공방에서는 할아버지가 또 어디에서는 청년이 자신의 일에 빠져 있다.

다 가지후스레프 모스크나 그 옆의 시계탑이 없는 사라예보는 존재하지 않는다고 할 정도다. 그의 뜻에 따라 건축된 가지후스레프 베그 모스크는 사라예보에서 가장 중요한 이슬람 건축물이다.

페르시아 건축가 미마르 시난(Mimar Sinan)이 지은 이 모스크에는 이슬람 신학교와 빈민을 위한 무료급식소 등도 있었다. 이슬람 문화에서는 흔히 모스크를 중심으로 퀼리예라고 불리는 복합적인 시설들이 들어섰다. 사라예보에도 마찬가지였다. '오스만의 미켈란젤로'라고도 불리는 '위대한 건축가 시난'은 오스만 제국의 가장 유명한 건축가로, 그가 일생 동안 수행한 작업은 79개의 이슬람 사원, 34개의 궁전, 33개의 공공욕장, 19기의 무덤, 55개의 학교, 16개의 빈민수용소, 7개의 마드라사(종교학교), 12개의 대상숙소 등이라고 전해진다.

사라예보는 가지후스레프의 자선 행위가 뿌리를 내리고 꽃을 피워 열매를 맺어왔다. '자선'은 이슬람의 종교적 근본인 '다섯 기둥'의 하나로 그들은 하느님(알라)께 더 가까이 갈 수 있는 길이라고 믿었다. "현명하고 이성적인 모든 사람은 이 세상이 일시적이며 지루하고 오만한 곳이라는 것을 이해하게 됩니다. 이 세상은 우리가 영원히 거주할 곳이 아니고 구원의 집으로 들어가는 통로일 뿐입니다."

가지후스레프의 생각이 사라예보의 곳곳에 배어 있다. 그는 생전에도 이 도시의 발전에 기여했지만 사후에는 자신의 모든 것을 남겼다. 유언을 통해 모스크와 마드라사, 도서관 등이 사라예보 사람들의 미래를 위해 증여되었다. 모스크에서 가까운 곳에 지어진 마드라사는 발칸 지역에서 가장 독특하고 뛰어난 학교로 오랫동안 이름이 높았다. 지난 470년 동안 계속 문을 열어 수많은 보스니아 지식인들이 그의 마드라사에서 공부했다. 그가 지은 도서

좁은 골목을 따라가면서 가지후스레프 모스크의 위용을 만나기는 어렵다.

관 역시 풍부한 서적을 소장했다. 그는 기부 문서에서 마드라사를 짓고 남는 비용으로 좋은 책을 구입하라고 밝히고 있다. 이 도서관은 1537년경 설립되어 오늘날도 문을 열고 있는데 가장 오래 보존된 원고는 1150년 필사본이다.

사라예보에는 이 도서관의 소장자료 말고도 유네스코 문화유산에 등재된 또 다른 필사본이 있다. 보스니아 헤르체고비나 국립박물관이 소장하고 있는 '사라예브스카 하가다 필사본'이다. 중세 시대부터 세계에서 가장 유명하고 아름다운 히브리어 채색 필사본으로 널리 알려졌던 이 책 역시 사라예보라는 도시가 겪은 여정만큼 오래되고 힘겨운 여행을 했다고 전해진다.

1500년대 초기부터 그라나다에서 쫓겨난 세파르딤 유다인들이 오스만 제국 통치 하의 보스니아에 정착했다. 무슬림과 그리스도 인, 유다인들이 어우러져 살던 스페인에서 추방된 그들이 이슬람과 동서방교회 사람들이 별 문제 없이 살아가던 보스니아에 뿌리를 내린 것이다. 이 책은 다시 한 번 그 시절을 상기시키며 공존의 가능성을 보여주는 상징이 되었다. 이 필사본은 1500년대에 스페인에서 베네치아로 갔다가 빈을 거쳐 사라예보에 닿은 것으로 보인다. 인터넷에서 1900년대에 이 필사본을 구한 보스니아 헤르체고비나 국립박물관 담당자가 한 말을 보았다.

"하가다가 사라예보에 오게 된 데에는 특별한 이유가 있다. ……인간이 된다는 것은 유다인이 된다는 것, 무슬림이 된다는 것, 가톨릭이나 정교회 신자가 된다는 것보다 더 중요하다. 유다의 이 유산은 보스니아 헤르체고비나를 보다 풍성하게 문화적으로 융합하도록 해주기 때문에 다른 유산들 못지않게 중요하다. 《사라예브스카 하가다》는 바로 이런 사실을 상징하는 책이다."

넓지 않은 시장 골목을 따라 수백 개의 작은 가게들이 있는 길을 걸어가면서 이 모스크의 위용을 느끼기는 어렵다. 그럼에도 작은 문을 넘어 모스크 안뜰에 들어섰을 때 확실히 시간을 거슬러 어딘가 조금은 다른 시공에 들어선 느낌이 들었다. 어쩌면 마당 한가운데 자리한 샤디완의 위엄 있는 정경 때문이었는지도 모르겠다. 여덟 개의 나무 기둥이 받치는 지붕 아래 조성된 이 아름답고 격조 있는 샘물은 당연히 무슬림들이 기도하러 들어가기 전에 세정을 하는 곳이지만 마실 수도 있는 실용적인 물이다. 그들이 종교적 의미로 이용하는 성스러운 샘물이라 마셔볼 생각을 못했는데 이 물을 마시면 또다시 이 도시를 찾을 수 있다는 희망의 전설이 전해진다고 한다.

최초의 샤디완은 1530년 세워졌다. 하지만 사라예보의 겨울 강

단아한 샘이 있는 모스크에서 청년들이 기도하고 있다. 모스크 옆으로 가지후스레프의 영묘가 이어지고 그 안의 석관에 그가 잠들어 있다.

추위에 때때로 물이 얼어붙어 고장이 나곤 해서 1772년 제대로 공사를 했다. 보스니아 내전 때 이 모스크도 세르비아 민병대의 표적이 되어 파괴되었다가 전후에 사우디아라비아 등 주변 이슬람 국가들의 도움으로 복구되었다. 기도시간인지 청년들이 밖에서 기도를 하고 있었다.

몇 기의 묘비석이 서 있는 뒷마당으로 이어지는 길에 1541년 세상을 떠난 가지후스레프 베그의 영묘가 있었다. 팔각형 영묘 안에 우아한 덮개로 덮인 석관은 밝은 벽과 천장, 낮게 낸 유리창 덕분에 더 환해 보였다. 그의 관에 쓰인 아름다운 문장은 "신의 자비와 너그러움이 매일 그에게 내리기를"이라는 뜻이라고 한다.

1531년 가지후스레프는 자선에 대해 이렇게 말했다.

"선한 행동은 악을 피하게 하며, 모든 선한 행동 중 가장 중요한 것은 자선입니다. 자선의 효력은 이 세상이 존재하는 한 지속될 것이며 그 일은 심판의 날까지 계속해야 합니다."

말하자면, 선한 그리스도인들이 해온 많은 일들을 선한 무슬림이 해온 것이다.

그가 살았던 시대를 상상할 수도 없고 그를 본 적도 없지만 들어설 수 없는 밖에서 저 너머에 자리한 영묘를 잠시 바라보았다. 그때, 사라예보는 아름다웠을까? 그때 사람들은 행복했을까? 고대 로마제국의 폼페이에서는 도시를 책임진 권력자가 시민들에게 빵을 나눠주었다. 시민들을 굶기지 않는 것이 권력을 쥔 사람들의 의무이기도 했다. 베수비오 산 화산이 폭발하기 전에 탐욕의 대명사로 불리던 이 도시에서는 관리들의 선행이 최소한의 의무였다. 오스만 제국 시절의 사라예보에서도 그런 냄새가 났다. 빵 냄새가 나고 환대의 과자 냄새가 나고 차가워진 몸을 따뜻하게 해줄 수프 내음이 풍겼다. 그는 빈자들을 위한 식당도 열었다.

사라예보 프란치스코 수도원 성당의 스테인드글라스. 프란치스코 성인의 〈태양의 노래〉

심지어 그는 무슬림으로서 모스크를 지은 것은 물론이고, 서방
교회의 프란치스코 수도원과 동방교회 성당도 세웠다고 한다. 사
라예보가 평화와 공존을 꿈꾸던 도시였던 데는 그의 영향이 컸다.

보스니아,
세 개의 다리

모스타르로 가는 길이었다. 아이들은 길에서 공을 차고 할머니는 베란다에서 요리를 하시고, 젊은 남자는 꼭 끝내야 하는 일인지 마당의 흙을 갈고 있다. 해 저무는 시간, 젊은 엄마가 아이를 안고 하얀 묘지를 지나 큰길로 나왔다. 저녁을 준비하는 연기가 피어올랐다. 보스니아에 들어서니 하얀 묘지들이 먼저 여행자를 맞이했다. 다들 언제 어디서 어떻게 세상을 떠났을까. 이 땅에 대한 안타까운 기억 때문에 자꾸 마음이 무거웠다.

로마 제국이 동서로 나뉘어졌을 때(395) 그 경계에 있던 보스니아에는 가톨릭과 동방교회가 다 전파되었다. 그러다가 오스만 제국 지배 때 많은 사람들이 이슬람으로 개종을 했는데, 그것은 살아남기 위한 선택이기도 했다. 지배자와 지주에게 착취당하던 민중이 새로운 정복자에 의지해서라도 살아보려고 한 것이다. 종교 때문만은 아니겠지만 발칸의 역사에서 보스니아는 늘 고통을 겪는 쪽이었다.

그리고 20세기 들어서는 정교회 세력인 세르비아와 가톨릭인 크로아티아 사람들에게 집단학살, 인종청소까지 당했다. 모스타르에 살던 세 민족 중에서 가장 무력한 것이 보스니아 무슬림(보스니악)이었다. 결국 약자들의 죽음, 약자들의 수난이었다. 그래서 무슬림의 하얀 묘비가 좀 더 아프게 다가오는 것이다.

오래된 다리 스타리 모스트

1992년 3월 보스니아의 무슬림과 가톨릭 세력(크로아티아인)은 마음을 모아 유고연방으로부터 독립을 선언했다. 보스니아를 구성하는 세 축 가운데 세르비아계가 이를 거부하면서 내전이 시작되었다. 내전 초기에 유고연방군은 두브로브니크에 그랬던 것처럼 18개월 동안 모스타르를 포위하고 공격을 퍼부었다. 그러나 보스니아와 크로아티아계가 있는 힘을 다해 저항하자 유고연방군은 모스타르에서 물러났다.

그런데 이번에는 크로아티아 민족주의자들이 투지만이 이끄는 크로아티아 정부의 지원을 등에 업고, 보스니아 무슬림을 몰아내기 위해 모스타르를 공격했다. 그들은 모스타르 서쪽에 살고 있던 수천 명의 보스니아인을 학살하고 추방했다. 그 와중에 스타리 모스트도 산산조각 나버렸다. 다리를 이루고 있던 1000여 개의 돌덩이가 네레트바 강물 속으로 쏟아져내렸다. 수백 년의 따뜻한 기억들도 강물 속으로 곤두박질쳤다. 원래 나무로 만들어졌다가 1557년 쉴레이만 대제 때 하얀 돌로 다시 태어나, 400년이 넘는 세월 동안 모스타르의 정교인과 무슬림의 가교가 되었던 다리가 1993년 11월 크로아티아 민병대의 폭격으로 완전히 파괴되고 말았다.

내전이 끝난 후 세계 각국에서 이 부서져버린 다리에 관심을 보이기 시작했다. 문화와 종교가 다른 두 민족을 이어주던 상징이자 아름다운 유산이었던 다리가 파괴되었다는 불행한 사실에 주목했다. 잠수부들이 강으로 쏟아진 1088개의 돌조각을 모두 건져 올렸고, 터키 건축가들이 돌들을 다시 짜맞춰 완벽하게 '오래된 다리'를 재건했다. 유네스코 문화유산의 지위도 회복했다.

석양이 붉게도 저무는 오후였다. 이미 깊은 어둠 속에 모스타르 구시가 가까운 곳에 여장을 풀었다. 지금은 어디서 무엇을 하고 사는지 모르는 북한의 김한솔이 다녔다는 학교가 지척에 있었다. 청년들이 밤새워 노는 소리에 가끔 잠을 깨기도 했다.

빛나는 아침 햇살 속에 네레트바 강가 프란치스코 수도원 성당에 들렀다. 전쟁으로 부서져 다시 지은 덕분에 환하고 깨끗했다. 뭇 사람들이 카메라를 들이댔을 집들을 지났다. 벽에 총탄 자국이 그대로 남은 채 벌써 수십 년 방치되고 있는 건물들이었다.

이른 아침, 모스타르의 오래된 마을로 들어서는 브라체 페지카 거리는 고요히 텅 비어 있었다. 바닥에 깔린 돌들이 예쁘게 반짝였다. 모퉁이를 돌아 한 블록 들어갔더니 그 옛날 같은 마을이 있었다. 도로 가 모스크와 묘지 사이로 한참을 이어진 계단 한쪽에 폐허가 된 성당의 첨탑만 무심히 높았다. 하늘을 향해 뻥 뚫린 창틀의 흙더미 속에 빛깔 예쁜 풀꽃이 피어 있었다. 젊은 처자가 위에서 내려오고 한 남자는 아래서 위로 올라갔다. 그날도 그랬을 거다. 그렇듯 평화롭게 하루를 열고 무료한 일상이 계속되었을 거다. 그런 시간이 끝나버린 것이다, 그날.

그토록 소박하고 단출하게 살아가던 일상으로 복귀하지 못한 채 영원히 떠나야 했던 너무나 많은 인연과 사연이 그곳에 박석처럼 깔렸다. 늘 잊고 사는 일상의 고마움에 대해 모스타르는 다독다독 속삭였다. 모스타르의 아침 공기는, 바닥의 돌들은 순식간에 스쳐가는 이방인에게 속삭였다. 결코 당연한 것이 아니라고,

이른 아침 텅빈 브라체 페지카 거리를 걸었다. 마당을 쓸고 계시던 할머니와 눈이 마주쳤다. 말이 안 통해 그저 미소를 지었지만 할머니의 눈빛이 너무 슬펐다. 모퉁이를 돌아 접어든 작은 마을에서 문득 그날 같은, 일상의 순간을 만났다. 그러나 마을 입구에 있는 묘지의 생몰연도에서 1993을 보는 마음이 또 쓰렸다.

정말 되찾고 싶은 선물이라고. 아름다움을 귀하게 여길 것, 별 볼일 없는 매일의 일상을 진심으로 고마워하고 사랑할 것. 다시 브라체 페지카로 접어들어 폐허가 된 모스크를 통해 네레트바 강으로 내려갈 때 새들이 재잘거렸다. 218킬로미터를 지나 아드리아해로 흘러드는 네레트바 강이 그날처럼 무심히 흐르고 있었다.

내전이 끝난 지 이제 30년이 다 되어간다. 어느 날 느닷없이 들이닥친 이웃의 총부리로 폐허가 되어버린 삶의 자리에서, 그들은 어떻게 상처를 싸매며 살고 있을까. 사람들의 마을에 남아 있는 총탄 자국들은 아직 피 흘리는 상처를 보라고, 멈추지 않은 피눈물을 봐달라고 호소하는 듯했다. 고통에 눈감지 말아달라는 탄원 같았다. 다리 한쪽 모퉁이에 놓인 작은 돌 역시 그랬다. 묘비명처럼 DON'T FORGET '93이라고 쓰인 돌은 그날을 기억하고 함께해 달라는 끝없는 청 같았다.

물론 내전의 상처를 안고 사는 곳이 모스타르만은 아니다. 모스타르는 폭격으로 다리가 무너지고 건물들이 파괴되었지만 스프르스카 공화국의 수도 바냐루카에서는 은밀한 학살이 자행되었다. 한 번의 폭격도 없이 세르비아의 비밀경찰들이 가톨릭교회에 폭발물을 설치하고 한밤중에 자고 있는 신자들을 끌고 가 살해했다. 그것은 50년 전 크로아티아의 민병대 우스타샤가 세르비아 정교인들을 살해한 것과 똑같은 형태의 범죄였다. 제2차 세계대전 중이던 1941년 발칸을 점령한 추축국 독일과 이탈리아는 정교회 신자가 절반을 넘는 바냐루카를 크로아티아에 편입시켰다. 세르비아 정교도들이 이에 저항하자 우스타샤는 어린이들을 포함해 2500여 명의 정교도를 살해했다. 파시스트의 인종청소였다. 우스타샤의 학살은 세르비아계에 뿌리 깊은 피해의식을 남기고 말았다. 그리고 50년이 지난 후 세르비아인들이 무슬림을 향해 똑같은

DON'T FORGET '93이라고 쓴 돌은 정말 잊지 말아달라고, 기억하고 함께해달라는 청 같았다. 무너졌던 다리는 복원되었다. 무너졌던 관계는 어떤 상황일까?

짓을 한 것이다.

종교가 원인이었다고 한다. 학살자와 그 동조자들은 참담한 재앙의 원인을 종교 탓으로 돌리려 한다. 수백 년간 보스니아의 곳곳에서는 무슬림과 그리스도인들이 별일없이 뒤섞여 살았다. 분명한 것은 보스니아의 불행한 사건들이 결코 종교인들의 갈등으로 빚어진 게 아니라는 점이다. 자신들이 져야 할 책임을 다른 데로 돌려야만 하는 세력들이 줄곧 종교가 분쟁의 씨앗이었다며 전가하고 있을 뿐이다.

모스타르에서, 그리고 스플리트로 가는 길에서 종종 십자가를 보았다. 십자가가 반가울 수도 있으련만 이곳에서는 가슴이 쿵 하고 내려앉는 기분이었다. 높고 낮은 산꼭대기에 세워진 하얀 십자가는 기억의 표지이고 고통의 표지였다. 겨우 수십 년 전 이 땅에 흘렀을 피와 눈물의 흔적이었다. 애간장이 녹고 뼈마디가 부서지는 절통함 속에서 겪어냈을 그 세월, 오늘은 저토록 무심하게 하얀 십자가가 침묵을 웅변하고 있다.

참담한 역사의 증인이 된 드리나 강의 다리

발칸 땅 보스니아 헤르체고비나를 생각하면 세 개의 다리가 떠올랐다. 제1차 세계대전이 촉발된 사라예보의 라틴 다리와 유네스코 세계문화유산으로 '드리나 강의 다리'라고도 불리는 메흐메드 파샤 소콜로비차 다리, 그리고 또 하나의 유네스코 유산인 모스타르의 '스타리 모스트'다. 흐르는 강물 위에 놓인 다리지만 어느 것 하나 마냥 아름다울 수만은 없는, 발칸의 얽히고설킨 아픔이 서린 곳들이다.

이보 안드리치(Ivo Andric)의 노벨상 수상작 《드리나 강의 다리》

의 배경인 소콜로비차 다리는 1516년 오스만 제국의 보스니아 총독 소콜로비치가 만들었다. 다낙 우 크르비(danak u krvi, 핏속의 세금, 혈세)라는 제도 때문에, 열 살이라는 어린 나이에 제국의 수도 이스탄불로 끌려갔던 그가 훗날 성공해 고향 마을의 강 위에 다리를 놓은 것이다. 소콜로비치는 술탄 바로 밑의 최고 행정관료인 대(大) 베지르의 직위까지 오른 인물로, 할 수 있는 만큼 친족들의 앞날을 열어주었다. 그의 두 조카는 세르비아 정교회 대주교가 되었다. 오스만 제국은 다낙 우 크르비 혹은 데브쉬르메라고 불리는 제도를 통해 효과적으로 무슬림을 양산할 수 있었다. 그 제도는 보스니아 가정의 파탄과 민족 분열에도 큰 영향을 끼쳤다. 이보 안드리치는 유명한 여행가 바르톨로메이 게오르기예비치의 기록을 인용하며 이 '특수한 세금'에 대해 전해주었다.

터키인 지배하의 모든 그리스도인들은 무거운 세금을 감내해야 했을 뿐 아니라 시시때때로 가장 잘생긴 아이들을 빼앗겼다. 터키인들은 부모로부터 아이들을 떼어내서 전투 기술을 가르쳤다. 이 아이들은 강제로 부모로부터 떨어졌으며 다시는 부모에게 돌아가지 못했다. 제일 먼저 그들은 그리스도교로부터 분리된다. 그들은 서서히 종교, 부모, 형제자매 및 친척들을 잊어버리며 이후 부모와 마주치게 돼도 그들은 서로를 알아보지 못한다.

그리고 《드리나 강의 다리》(문학과지성사, 2005)에서 그날의 풍경을 이렇게 전해준다.

뽑힌 아이들은 보스니아산 조랑말에 태워 긴 행렬을 이루게 했다. 말마다 과일자루 같은 것을 양쪽에 하나씩 달았는데 여기다 아이들을

보스니아 소년들은 데브쉬르메로 끌려가 엄격한 훈련을 통해 예니체리가 되기도 했다. 오직 술탄에게만 충성하는 예니체리는 점차 강력한 힘을 가지게 됐지만 결국 폐해가 너무 커져 몰락했다. 그림은 오스만 관리가 고향을 떠나온 그리스도인 소년들을 데브쉬르메로 등록하는 장면이다. (톱카프궁전 박물관 세밀화, 1558)

하나씩 집어넣었다. 아이들은 저마다 조그만 보따리와 둥그런 과자를 한 개씩 갖고 있었으니 이 과자야말로 부모에게서 마지막으로 얻은 선물이었다. ……이 괴이한 대열의 제일 마지막 말 바로 뒤를 이어 머리카락이 헝클어지고 지쳐서 어찌할 바를 모르며 몸부림치는 수많은 부모와 친척들이 따랐다. 아이들은 영원히 오지 못할 이역으로 가면, 할례를 받고 터키 사람이 되어서 자기 신앙과 조국과 가문

223

을 잊게 될 것이고 병정들의 대열에 끼거나 제국의 조금 높은 지위를 차지하게 되고 일생을 보낼 것이다. 따라온 것은 대부분이 잡혀가는 아이들의 어머니, 할머니, 누나들이었다.

이렇게 징집된 소년들은 이내 부모의 집과 종교를 잊어버리고 완전한 무슬림이자 터키인이 되었다. 그들은 타고난 지능과 능력으로 명예와 힘을 얻었다. 그들에 대한 소문은 보스니아까지 전해져 동포들을 유혹했다. 소년들은 아나톨리아 지역으로 보내져 7년 동안 이슬람 언어와 문화, 양식을 배운 후 차리그라드에서 군사훈련을 받고 의무적으로 무슬림이 되어야 했다. 그러나 무슬림이 되었으나 터키인이 아니었기 때문에 늘 경계대상이 되었고, 이미 개종을 했기 때문에 고향 사람들에게도 배척당하였다. 결국 그들은 술탄에게 충성을 다해 신분과 생명을 보장받는 것밖에 다른 길이 없었다. 그리고 그들 가운데 자신의 고향에 총독으로 부임하는 이들도 있었다. 드리나 강에 다리를 세운 소콜로비치가 그런 경우였다.

드리나 강의 양쪽에는 각각 터키계 무슬림과 세르비아 정교인들이 살고 있었다. 강 위로 다리가 놓이자 다리는 양편 아이들에게 놀이터가 되었고, 양쪽 주민들의 서로 다른 문화를 이어주는 연결고리가 되었다. 안드리치는 《드리나 강의 다리》에서 다리를 둘러싼 주변 사람들의 살아가는 이야기를 풀어놓았다. 무엇보다 그가 원한 것은 모든 종교와 민족, 서로 다른 언어와 문화에도 불구하고 화해하고 공존하는 것이었다.

그러나 드리나 강의 다리 역시 보스니아 역사의 한복판에서 참담한 증인이 되어야 했다. 제1차 세계대전에는 열한 개의 아치 가운데 세 개가, 그리고 제2차 세계대전 때는 다섯 개가 파괴되었다가 복원되기도 했던 이 다리는 보스니아 전쟁(1992~1995)의 현장이기도 했다. 비쉐그라드와 이 다리 위에서 세르비아 군에 의해 보스니아인과 무슬림에 대한 대규모 인종청소가 자행되었다.

2012년 5월에 이 다리 위에서는 보스니아 내전 당시 학살당해 강물에 던져졌던 무슬림들의 장례식이 치러졌다. 인공호수를 보수하느라 물을 빼내는 과정에서 잊혔던 죽음이 세상에 드러나자, 살아남은 이들은 또다시 그날의 악몽에 몸서리를 치며 피보다 붉은 장미로 고인들을 추모했다.

보스니아의 다리들, 과거를 뒤로 하고 오늘도 너와 나를 이어주는 다리들은 여전히 강물 위에 드리워져 있다. 유고의 평화를 그토록 원했던 이보 안드리치는 1933년 《폴리티카》에 쓴 에세이 〈모스토비mostovi〉에서 자신이 경험했던 다리를 이야기하고 있다.

> 사람이 본능적으로 세우거나 만들어낸 모든 것 중에서 다리보다 아름답고 가치 있는 것은 이제껏 보지를 못했다……. 나의 상념이 시작되거나 멈추는 세상 어느 곳에서나 영원히 사라지지 않는 사람들의 꿈을 만나듯 우리의 눈앞에서나 발끝에서나 정신 앞에서 나타나는 모든 것들을 서로 결코 흩어지거나 대립되는 일이 없도록 하기 위해서 이어주고 화합시켜주는 과묵하고 믿음직스러운 다리를 발견하게 된다.
> ―김지향, 《이보 안드리치》(건국대학교출판부, 2002)

그가 발견했던 다리, 그가 아름답고 가치 있게 만났던 다리를 꿈꾸며 그 오래된 다리를 건너왔다.

메주고리예,
때로는 '기적'을 알아듣고 싶기도 하다

보스니아에 성모마리아가 발현하다니

모스타르에서 25킬로미터 거리인 메주고리예로 들어가는 들판에는 석류나무가 지천으로 깔려 있었다. 나무마다 석류가 탐스럽게 익어가고 있었다. 우리에게는 무척 귀한 석류인데 주렁주렁 익어가는 걸 보니 부럽기도 하고 예쁘기도 했다. 종교가 혼재한 보스니아 땅이어서 가톨릭교회의 '성지'를 찾아가는 길에도 모스크의 미나레트가 하늘 향해 서 있었다.

현재 보스니아 헤르체고비나는, 좀 묘하지만 세 개의 나라(?)로 구성되어 있다. 내전 후인 1995년 데이턴 평화협정으로 정치체제가 다른 두 정부(보스니아, 헤르체고비나)와 한 개의 특별구(스프르스카 공화국)가 공존하고 있는데 이슬람계(보스니아), 세르비아계(스프르스카 공화국), 크로아티아계(헤르체고비나)에서 각각 한 명씩 내는 공동대통령제를 채택하고 있다. 1998년 제정된 보스니아 국기에는 이 세 민족의 화합을 지향하는 의미들이 담겨 있다. 삼각형의 세 변은 보스니아인, 크로아티아인, 세르비아인을 의미하고, 노란색은 보스니아를 구성하는 세 개의 민족이 서로 협력하여 아름다운 미래를 함께 창조한다는 뜻이다.

메주고리예는 크로아티아 국경과 가까운 헤르체고비나 지역으로 오래전부터 가톨릭이 뿌리를 내렸다. 오스만 제국 시절에도 보스니아에서 가톨릭, 특히 프란치스코 수도회는 사람들의 삶과 밀접한 관계를 맺으며 활동을 이어왔다. 제2차 세계대전 중에는 프란치스코 수도회 수사 66명이 공산주의자들에게 살해되는 등 무수한 사람들이 희생되기도 했다. 비극적인 죽음이 있은 지 40년이 지나 그 땅에 성모마리아가 발현했다.

현대에 들어서도, 예수님을 이 땅에 낳아주신 성모마리아가 사람 사는 세상에 나타났다. 말 그대로 믿기가 어렵지만 그렇다고 말이 안 된다고 할 수만도 없는 현상들이 실제로 우리가 사는 세상에는 종종 일어난다. 가톨릭교회는 수십 년의 조사 기간을 거쳐 과연 그 일이 초자연적인 현상인지 혹은 어떤 의심스러운 의도가 있는 것인지를 살펴서 신자들에게 공포한다. 예를 들면 1858년 프랑스 루르드, 1917년 포르투갈 파티마, 1933년 벨기에 바뇌에서 있었던 성모마리아의 발현 등에 대해 교회는 공경할 만한 기적으로 인정했다.

1981년 여섯 명의 어린이에게 성모마리아가 나타났다는 메주고리예는 여전히 조사 중인 사건이다. 당시는 아직 유고슬라비아 사회주의연방공화국 시절이었다. 1991년 4월에 유고슬라비아 주교단은 "지금까지 행해진 조사에 근거해볼 때, 발현이나 초자연적 계시가 있었다고 말할 수는 없다."고 밝혔다. 여전히 가톨릭교회의 공식 입장은 "메주고리예 성모님 발현이 거짓으로 판명되기 전까지는 사람들이 그곳에 갈 수 없다고 말할 수 없다. 아직 밝혀지지 않았기 때문에, 누구나 원한다면 갈 수 있다."는 수준이다.

많은 사람이 있는데도 고요한 느낌이었다. 10월 4일, 프란치스코 축일 미사가 거행되는 중이었을까? 미사에 함께하는 사람이 아주 많았다. 보스니아 메주고리예에서 듣는 '태양의 찬가'가 좀 낯설었다. 낯선 현실이었다. 하지만 이 땅에 성모마리아가 발현한다는 소식보다 더 낯선 현실이 또 있을까?

물론 아직 초자연적 현상이라는 결론이 나오지 않았으므로 '성지'라는 명칭도 적절하지 않을 수 있다. 다만 2019년 5월 프란치스코 교황은 메주고리예 순례를 공식으로 허용했다. 그러나 이 결정 역시 메주고리예 성모발현이 기적이라는 사실을 인정하는 것은 아니라고 덧붙였다.

교회의 입장은 이렇지만 메주고리예에 성모마리아가 발현했다는 소식은 전 세계 순례자들을 끌어모았다. 매년 100만 명이 넘는 사람들이 놀라운 이야기의 현장을 찾았다. 메주고리예가 현대사의 비극적인 현장인 보스니아 땅이라는 것도 사람들의 마음을 흔드는 역할을 했을 것이다. 너무나도 처참했던 전쟁들, 그 현장에 성모마리아가 발현했다는 사실은 좀 더 의미가 있는 일로 보였다.

버스가 메주고리예에 내리자 고즈넉한 마을에 〈태양의 찬가〉가 퍼지고 있었다. 첼로로 연주하는 성 프란치스코의 기도였다. 그의 사랑이 빚어낸 노래가 보스니아 땅에 퍼지고 있었다.

"오 아름다워라, 저 하늘의 별들. 형님인 태양과 누님인 달은. 아름다워라, 어머니이신 땅과 과일과 꽃들 바람과 물, 갖가지 생명 적시는 물결…… 오 감미로워라 나 외롭지 않고 온 세상 만물 향기와 빛으로……."

세상의 모든 것, 심지어 죽음마저도 형제요 자매로 받아들인 한 성자의 고백이 슬픔에 젖었던 땅에 배어들고 있었다.

시월이었다. 생각해보니 10월 4일, 프란치스코 축일을 맞아 열리는 행사인 모양이었다. 메주고리예에는 프란치스코회 수도자들이 상주하고 있다. 마을 중심에 자리한 야고보 성당 안으로 들어갔다. 메주고리예의 한복판이라고 할 수 있는 야고보 성당은 무척 단순하고 현대적이어서 성모발현이라는 거대한 사건 이후에 건축된 것인가 했다. 그런데 알고 보니 이미 19세기 후반에 지어졌다가 지반이 약해 허물어지는 바람에 다시 짓기 시작해 1969년 봉헌된 곳이었다.

그 후 10여 년이 지난 후 성모님이 나타났고 순례자들이 밀려들기 시작했다. 150년쯤 전인데, 지도에도 나오지 않을 만큼 작은 이 마을에 왜 이렇게 큰 성당을 지었을까? 사람들이 밀려들기 시작할 때는 이미 성당이 세워진 후였다. 마치 준비라도 한 듯한 건축물이었다.

많은 사람이 머물고 있음에도 성지는 호젓하고 조용했다. 성당 안의 프란치스코와 안토니오 성인상도 그렇고 마당의 예수님도

성모발현 언덕길은 이토록 불편한 돌길이다. 순간순간 긴장을 늦출 수 없다. 눈앞에 십자가가 서 있어도 바로 발밑에 집중하며 걸어야 한다. 비가 오지 않아서, 미끄럽지 않아서 다행이었다. 그런 돌길 저 멀리로 성모마리아가 빛 속에 서 있었다고 한다.

이 공간에서 사람들은 저마다의 자세로 머문다. 무릎을 꿇고 기도하거나 한없이 앉아 있거나. 긴장하며 올라온 언덕에서 잠시 숨을 고르며 바라게 되는 건 다들 평화가 아닐까. 그리고 평화를 얻기 위한 첫번째 자세는 침묵이 아닐까. 고요히 들여다보는 것. 그래서 평화를 훼방하는 것들을 알아차리고 걷어 내버리는 일. 아마도 저 사람들은 그 작업을 하고 있는 것 같다.

무척 젊고 선이 굵었다. 보스니아 사람들의 기질이 반영된 것일까? 보스니아는 세르비아 사람들과도 느낌이 비슷하다. 실은 당연한 일이다. 같은 슬라브 민족인 그들은 오랫동안 가장 가까운 이웃으로 어우러져 살았다. 이렇게 각기 다른 나라로 나뉘고 서로에게 몹쓸 짓을 하게 된 것은 그들만의 탓이 아니었다.

아직 오스만 제국이 지배하던 1875년에 이 지역들에서 봉기가 계속됐다. 오스만 제국이 가혹하게 진압을 하자 러시아가 같은 슬라브 민족인 세르비아를 구한다며 1877년 선전포고를 했다. 그때 보스니아 땅이 러시아-투르크 전쟁의 전장이 되었다. 이듬해 전쟁이 끝났을 때 세르비아, 몬테네그로, 루마니아 등은 오스만 제국으로부터 독립을 얻어냈지만 보스니아는 오스트리아-헝가리 제국의 영향권에 편입되었다.

400년 지속된 오스만 제국의 영향을 벗어나자마자 또 다른 제국의 지배를 받게 된 것이다. 그리고 1908년 보스니아는 오스트리아 제국에 합병되었다. 이를 계기로 발칸 지역에 세르비아를 중심으로 한 범슬라브주의가 확산되어 1914년 사라예보에서 비극의 총성이 울렸다. 보스니아는 또 한 번 민족주의와 강대국들의 전장이 되고 말았다.

한여름이 아니어서

성모님이 발현했다는 산으로 이동했다. 기념품 가게들이 늘어서 있었다. 길 끝에 발현지로 오르는 돌산이 나타났다. 경사가 만만찮은데다 크고 작은 돌덩어리로 된 산이라 한 발 한 발 조심조심 걸어야 하는 길이었다. 그나마 비가 내리지 않아 다행이라는 생각이 들었다. 돌산이라니, 좀 뜻밖의 풍경이었다. 문득 우리가 살아가는 일이 이 돌언덕 오르는 것처럼 퍽퍽한 것이란 생각이 들기도 했다. 가을이라 햇빛이 유순해서 걸을 만했지만 한여름 땡볕 아래 오르는 일은 정말 '십자가의 길'이 아닐까 싶었다.

빛이 쏟아졌다고 한다. 1981년 6월 24일 메주고리예 마을을 환하게 비춘 빛은 포드브르도 산 가까이에 있는 크리니카 언덕에서 쏟아졌다. 사라예보와 모스타르에서 온 두 소녀 미르야나 드라기체비치와 이반카 이반코비치는 대략 300미터쯤 떨어진 곳에 있었지만 그 빛 속에 나타난 형상을 분명히 바라보았다. 새하얀 형상은 팔에 아기를 안고 있었다. 그들은 너무나 놀랐지만 아기 예수를 안은 성모마리아라고 확신했다. 첫번째 성모발현 순간이었다.

자신을 '평화의 여왕'이라고 소개한 그 '형상'은 그 후로도 40년 동안 발현하고 있다. 그는 계속해서 "하느님과 화해하고 그분께 돌아와 평화의 구원을 받으라."고 촉구하고 있다. 부신 빛에 눈이 멀 것 같은 언덕에서 마음을 두드리며 들려온 목소리가 평화를 말했다. 화해를 통해 마음의 평화를 얻으라. 하느님을 가정의 중심으로 삼아 가족의 평화를, 이웃 사랑과 용서로 지역사회의 평화를, 회개하고 하느님과 일치함으로써 세상의 평화를 누려라……. 그토록 평화를 외쳤지만, 그로부터 10년 후 이 땅은 평화의 불모지가 되었다. 이웃이 이웃의 살해자가 되고 온 땅이 비극의 현장이 되었다. 국경을 맞대고 있는 가톨릭 국가 크로아티아는 '성모발현' 현장인 메주고리예를 손에 넣고자 더 극심한 폭력을 행사했다고도 한다.

십자가로부터 평화를

메주고리예 돌언덕에는 발현한 모습처럼 세워놓은 성모상이 마을을 내려다보고 있다. 사람들은 성모상 앞에서 오랫동안 침묵한다. 그들은 뾰족한 돌들 위에 서거나 무릎을 꿇는다. 그리고 바로 그 뒤로 십자가에 달린 예수님이 있다. 처음 성모마리아가 나타났다는 이곳뿐만 아니라 발현 언덕의 곳곳에 십자가가 보였다. 그리고 그 돌길을 걷는 이들의 생에도 저마다 십자가가 있다.

눈에 보이는 십자가는 다만, 고된 생의 은유다. 우리가 짊어지고 있는 십자가, 우리를 고통으로 내모는 십자가를 바라보게 하는 거울이다. 예수님의 십자가로 인류는 구원되었다. 나 자신의 십자가로부터 나는 구원되어야 한다. 평화를 얻어야 한다. 메주고리예는 십자가로부터 평화에 이르는, 구원에 이르는 지난한 여정을 들여다보게 하는 땅이다. 김수환 추기경은 "사랑이 머리에서 가슴으로 내려오는 데 70년이 걸렸다."고 했는데, 십자가로부터 평화에 이르는 여정은 얼마나 먼 것일까. 메주고리예의 성모님은 순례자들에게 그 길을 촉구한다.

이슬람과 정교회와 서방교회 신자들이 섞여 살고 있는 이 나라 보스니아에 성모마리아가 발현했다는 사실은 어떤 기대를 갖게 하는 일이다. 동방교회는 서방에 비해 성모마리아에 대한 전승이 한결 풍요롭고, 무슬림들도 마리아를 공경한다. 이슬람에서 공경받는 두 여성이 있는데, 바로 예수님의 어머니 마리아와 무함마드의 딸 파티마. 실제로 이슬람 경전 《쿠란》에서는 그리스도교의 《신약성경》보다 더 자주 마리아를 언급한다. 세 종교가 다 함께 공경하는 어머니 마리아는 이 땅에서 징검다리가 될 수 있지 않을까. 이 지극한 슬픔의 땅에서 성모마리아가 바랐던 것은 무엇이었을까. 사람들이 그의 말에 귀를 기울이면 좋겠다고 생각했다. 성모마리아는 오늘도 말한다. "무엇이든지 그가 시키는 대로 하여라."(요한 2,5)

세례자 요한의 어머니 엘리사벳처럼 우리도 성모마리아에게 인사한다. "행복하십니다. 주님께서 하신 말씀이 이루어지리라고 믿으신 분!"(루카 1,45) 그는 예수 그리스도를 가리키는 손가락이다. 최초의 그리스도인이라고 할 수 있는 그는 여전히 신앙의 모범으로 존재한다.

씽씽 차가 달리는 들판에도, 발현산으로 올라가는 마을에도 어김없이 석류가 흐드러지게 매달려 있는 메주고리예, 회심의 체험으로 회개한 이들의 증언이 들리는 듯한 마을 메주고리예. 한없이 이어지는 포도밭들을 지나 메주고리예를 벗어난다.

불가리아 사람들의 성소

아침을 먹으러 내려갔다가 시간이 많이 남아 호텔 로비에 있는 불가리아 문화재 도록을 펼쳐보았다. 확실히 정교회 이미지에는 '영광의 예수 그리스도'가 많다. 십자가에 달려 수난을 당하는 예수님보다는 타보르산에서 눈부시게 변모하는 예수님, 부활의 영광 속에 빛나는 예수님, 천사들의 옹위 속에 면류관을 쓴 임금으로서의 예수님이 곳곳에 있다. 오래된 유산이어서 그렇겠지만 뭔가 어설퍼 보이는 도상(圖像)들이었다. 성모마리아도 좀 더 낭만적인 인상을 풍겼다. 성 게오르기오스와 데메트리오스가 함께 있기도 하고 당연히 미카엘 천사는 빠지지 않았다.

잠시 불가리아 이콘의 이미지에 마음을 뺏겼다. 날이 흐리고 추워진 소피아에서 그 행간의 믿음과 마음을 간직하고 보야나 성당과 릴라 수도원에 가는 날. 신선한 과일과 연어와 요구르트, 미니 크루아상과 느긋한 커피로 황후의 아침이 부럽지 않았다. 내가 최선을 다해 '환대'를 받는 순간, 나도 다가오는 모든 것을 환대하려는 마음으로 하루를 열었다.

'지혜'라는 뜻을 가진 예쁜 이름 소피아(Σοφία)는 발칸유럽의 한 나라, 불가리아의 수도이기도 하다. 이미 겨울이 시작된 듯 소피아의 바람은 거칠고 차가웠다. 웅크려지는 몸을 감싸며 1000년 전 중세 불가리아의 자취가 남아 있는 보야나 성당으로 향했다.

보야나는 스레데츠(Sredets, 소피아의 옛 이름)를 요새화하기 위해 비토샤 산자락에 구축한 35개 요새지와 정착지 가운데 하나였다. 1048년 요새 안에 왕실 가족 성당으로 지어진 보야나 성당은 중세미술을 완벽하게 보존하고 있다는 평가를 받으며 유네스코 세계유산으로 지정되어 출입인원과 관람시간까지 엄격하게 제한되고 있었다.

단출한 성당 정면 돌벽 아래쪽으로 아주 작은 문이 나 있었다. 한여름에는 녹음이 벽을 감싸 천국으로 들어서는 느낌일 것 같은 문이었다. 내부에 관람객이 있어서 그 팀이 나오기를 기다리며 잠시 가을 깊은 불가리아의 작은 성당을 서성였다. 물들어가는 나뭇잎에 오전의 햇빛이 투명하게 비쳐서 1000년의 돌벽도 모처럼 화사해지는 시간이었다. 한 동짜리 건물인데 돌아보니 세 번에 걸쳐 지어졌다는 걸 금세 알 수 있었다. 11세기에 처음 지어진 이곳은 13세기와 19세기에도 증축되었다. 두번째 건물로 지었다는 성당에는 2층으로 올라가는 사다리가 있었지만 올라가보지는 못했다.

직원이 직접 열어주는 입구의 작은 문을 들어서자 거의 텅 빈 듯한 단아한 방이 나타났다. 그가 다시 열어준 두번째 성당과 마지막 성당은 벽과 천장 가득 여백이라고는 찾아보기 힘들 만큼 프레스코화로 덮여 있었다. 문이 열릴 때마다 와락 놀라움이 안겨들었다. 베일에 가려졌던 신비가 벗겨지듯 문이 열릴 때마다 극적인 탄성이 가슴에서 터져나왔다. 중세 회화의 보고인 성당 안에 가득한 것은 불가리아 사람들의 신앙이었다. 그토록 좁고 그토록 작은 성당이 1000년 전 불가리아 왕국을 의탁한 신의 처소였다.

그 순간, 문이 '열린다'는 것은 무척 특별한 경험이었다! 21세기 어느 날, 문득 19세기의 방으로 들어서고, 다시 13세기로, 11세기로 안내된 것이다. 이미 열린 문으로 들어서는 게 아니라 닫힌 문

불가리아 사람들에게 고향 같다는 보야나 성당. 유네스코 문화유산으로 지정돼서 출입이 철저하게 통제되었다. 왕가의 성당이었다는데 입구의 문이 참 작았다. 거룩한 집에 들어설 때 몸과 마음을 낮추라는 의미였을까.

앞에 서 있다가 누군가가 여는 문으로 들어선다는 것! 그것은 이 오래된 성당의 모든 것과 좀 더 놀라운 만남을 갖게 하려는 배려 같았다. 적어도 내 경우는 그랬다. 그 순간은 강렬했다. 문이 열리고, 거기 1000년쯤 전에 그려진 그리스도인들의 신앙이 있었다. 그 숲으로 들어섰다. 뛰어든 거였다. 어쩌면 그 그림들이 나에게로 뛰어 들어왔다.

실로 아늑한 돌의 집이었다. 정밀하고 단아한 프레스코화가 크지 않은 돌성당의 벽과 천장을 가득 채웠다. 예나 지금이나 같은 의미로 이해되는 보편적인 그림들. 이미 낡고 색이 바랬지만 구세주 예수 그리스도를 그리워하고 하느님을 향하던 사람들의 간절한 눈빛은 그 그림들 속에서도 깊고 그윽했다.

두번째 성당은 칼로얀(Sebastocrator Kaloyan)이 지어 성 판텔레이몬에게 봉헌했다. 그는 세르비아의 네마냐 왕조를 연 스테판 네마냐의 손자였다. 이미 864년 보리스 1세가 정교회를 받아들인 상황이었지만 칼로얀은 서방교회와도 우호적이었던 것으로 전해진다. 제1차 불가리아 제국의 모든 것을 회복하고자 했던 그는 불가리아의 국제적 지위를 안정시키기 위해 당시 교황 인노첸시오 3세와 협약을 맺기도 했다. 그는 아내 데시슬라바와 함께 성당 벽 프레스코화에 영화로이 그려져 있다.

725년부터 100년 넘게 동방교회를 혼돈으로 몰아넣곤 하던 성화상 논쟁 후 10세기부터는 성당 내부에 도상들이 어떻게 자리하고 어떤 교리를 포함해야 하는지에 대한 규범이 마련되었다. 보야나 수도원의 성화들은 교회의 가르침에 따라 그려졌다. 그들이 믿었던 대상, 그들이 알고 전하던 성경과 전승의 장면들, 성모마리아와 사도와 순교자와 교부들, 셀 수도 없을 만큼 많은 인물과 이야기들이 그림 속에 담겨 있었다. 그리고 지금도 정교회 이콘들은 규범 안에서 신앙을 증거한다.

말하자면 보야나 성당은 불가리아 정교회의 가르침이 세세대대 전해진 생생한 교리실이자 진리의 길로 인도하는 교사 자체였다. 그리스도인에게는 1000년 전 그때나 지금이나 똑같은 의미로 이해되는 거룩한 이야기들이 거기 담겨 있었다. 몇 분이나 성당에 머물렀을까. 게다가 그 무수한 이미지에 눈과 마음이 익숙해질 시간도 없이 불쑥 질주하는 설명을 듣다가 나온 느낌이어서 시간이 흐를수록 그 안의 정경이 헛갈린다. 다만 첫 방의 '텅 빔'이 오히려 너무도 인상적이었다는 기억은 강렬하게 남아 있다. 너무도 짧은 시간에 떠밀리듯 나와야 해서 아쉬웠지만, 보존과 복원 때문에 폐쇄되기도 했던 성당을 방문할 수 있었다는 것만으로도 다행이었다.

불가리아의 고된 역사가 릴라 수도원의 역사

햇빛이 조금씩 따뜻해지는 정오 무렵에 릴라 수도원에 들어섰다. 산 중턱에 들어앉은 수도원은 무척 아름답지만 파란만장한 역사를 품고 있는 곳이었다. 불가리아의 고된 역사가 곧 릴라 수도원의 역사이기도 했다.

10세기경에 릴라 수도원을 세운 성 이반 릴스키는 제1차 불가리아 제국(681~1018) 시절을 살았다. 다신교를 신봉하던 당시 불가리아에서는 그리스도인을 배척하고 죽이기까지 할 정도로 그리스도교에 배타적이었다. 그런데 심각한 기근이 닥쳤을 때, 콘스탄티노플에 인질로 있다가 돌아온 보리스 1세의 여동생이 하느님께 기도하자고 탄원하여 마침내 기근이 해결되자 그리스도교에 대한 생각들이 많이 변했다고 한다. 그 여동생이 예술가들을 데리

성화상 논쟁

동방교회에서 성화(聖畫, icon)는 교회와 신앙과 뗄 수 없는 관계를 가진다. 네아폴리스의 레온티우스가 "하느님을 회상하게 하는 개방된 책"이라고 말한 성화는 예배의 필수적인 요소이기도 했다. 서방교회에도 성화상이 가득하지만 동방에서 이콘은 더 각별한 의미로 존재한다. 많은 신실한 이들이 순교까지 하면서 얻은 귀한 보물이기도 하기 때문이다.

실제로 정교회 성당은 이콘으로 가득한 성소다. 특히 성화벽(이코노스타시스, ikonostasis)은 회중석과 지성소를 구분한다. 동방교회에서 이콘은 예술적인 창작물이 아니라 교회의 믿음을 전하는 성경과도 같다. 교회의 정신을 반영해야 하므로 작가들은 '이콘 규범집'의 다양한 유형에 따라 그대로 모사했다. 무엇보다 중요한 것은 이콘 자체가 숭배의 대상이 아니라는 점이다. 이미지에 바쳐지는 공경과 흠숭은 그 원형, 하느님을 향할 뿐이다.

성화벽이라고도 불리는 이코노스타시스(한국정교회 성 니콜라스 대성당)

이토록 중요하게 여겨지는 성화들이 한때 극렬한 박해 대상이 되었다. 725년부터 동방교회에는 성화상 논쟁이 광풍처럼 불어 닥쳤다. 성화상이란 말 그대로 예수님과 성모마리아, 성인성녀들을 그린 그림인데, 사람의 형상을 그리지 않는 것을 철칙으로 삼는 이슬람 세력이 비잔티움 제국에 영향을 끼치면서 성화상을 우상숭배라며 없애자는 목소리가 커졌다. 처음에는 이슬람 때문이었지만 점차 비잔티움 제국 황제와 동방교회 수도원 세력의 팽팽한 긴장으로 나아갔다.

당시 제국은 이슬람 세력의 확장과 슬라브 민족의 남하를 막기 위해 잦은 전쟁을 치르고 있었다. 718년에도 아랍의 우마이야 왕조가 콘스탄티노플 해안을 포위했다. 부대 안에 페스트가 퍼지는 바람에 그들이 철수해 안도의 한숨을 내쉬었지만 코앞까지 밀려든 이슬람 세력에 황제 레오 3세는 두려움을 느꼈다. 그는 이교도들의 강력한 힘이 종교적 순수함에서 나온다고 판단했다. 어떤 우상도 허용하지 않는 철두철미한 그들에게 신이 힘을 실어준다고 믿은 것이다.

황제는 성상을 옹호하는 총대주교를 파면했다. 당시 서방교회는 이콘은 신자들의 믿음을 위한 전통의 한 요소일 뿐 신학적 문제가 아니라고 보았기에 총대

성상파괴론자 콘스탄티누스 5세의 명령으로 교회를 파괴하고 있다. (14세기 삽화)

100년이 넘도록 비잔티움 제국을 혼란에 빠뜨렸던 성화상 논쟁이 843년 테오도라 황후에 의해 끝났다. 동방교회는 오늘날도 이 '승리의 날'을 기념한다. (14세기 말 이콘,영국박물관 소장)

주교에 대한 황제의 대응을 비판했다. 비잔티움 황제와 서방교회는 첨예한 긴장 상태로 각기 성상 파괴와 옹호를 주장했다. 이 문제는 점차 동서방 교회의 골을 깊게 만들고 있었다.

레오 3세의 의도가 온전히 종교적 순수성을 위한 것이었다고 보기 어렵다는 주장도 있다. 황제는 엄청난 토지를 소유하고 있으면서도 면세대상인 수도원을 자신의 권위 아래 예속시키고 싶었다. 수도원의 재산이 탐났고 갈수록 커지는 수도원의 영향력도 차단하고 싶었다. 여러 이유로 황제는 성화상 파괴를 명했고 이를 막으려던 수도자들이 죽음을 당했다. 논쟁은 점차 교의적인 문제를 떠나 황제의 폭압과 폭력에 맞서 교회의 자유와 독립을 쟁취하기 위한 투쟁적 성격이 되어갔다.

몇 번이나 진정되다가 다시 불붙기를 반복하던 논쟁이 제2차 니케아공의회(787)를 기점으로 이성적인 성찰의 기회를 얻었다. 공의회는 성화상 공경이 성화 자체를 향하는 것이 아니며 만약 부적처럼 성상 자체에 어떤 힘이 있다고 믿는

다면 그것이야말로 우상숭배이며 미신행위라고 못 박았다. "성상에게 드리는 경의는 본체의 명예로 돌아가는 것이고, 이것을 숭상함은 거기에 표현된 인격을 공경함이다."

일단락되는 듯 보였던 논쟁은 이후로도 한 번씩 불씨가 되살아났지만 843년 미하일 3세의 섭정이었던 황후 테오도라에 의해 완전히 종식되었다. 테오도라는 니케아 공의회의 결정을 재확인하고 성상 공경을 부활시켰다. 동방교회는 매년 사순 첫 주일을 '정교주일'로 지내는데, 이날 모든 성당에서는 거룩한 성화를 손에 들고 행렬하며 승리의 날을 기념한다.

고 와 왕궁에 '최후의 심판'을 그렸는데, 너무나 생생한 최후의 심판 장면을 본 왕이 곧장 세례를 결심했다는 얘기도 전해진다. 보리스 1세는 864년 그리스도교를 받아들였다.

하지만 현실은 살얼음판이었다. 원래 보리스 1세는 동프랑크 왕국과 동맹을 맺은 상황이었으므로 서방교회를 받아들일 생각이었다. 그런데 863년 비잔티움 제국 미하일 3세가 불가리아를 침공했다. 그는 제국 가까이까지 확대되는 서방교회의 영향을 저지하기 위해 동방교회로 개종할 것을 강권했다. 보리스 1세는 통찰력 있는 인물이었다. 그는 이미 분열되어 있던 불가리아를 종교로 통합할 수 있다고 예측했다. 물론 유럽 사회가 그리스도교 국가만을 동등한 수준으로 인정한다는 사실도 절감하고 있었다. 864년 그리스도교를 받아들인 그는 서쪽으로는 프랑크왕국, 동쪽으로는 비잔티움 제국과 국경을 마주한 상태에서 정국을 안정시켜 가며 불가리아를 슬라브 문화의 중심지로 자리매김하게 하였다.

불가리아 정교회 성인으로 공경받고 있는 보리스 1세는 비잔티움 정교회에서 벗어나 독자적인 교회를 건설하고자 했다. 이를 위해서는 무엇보다 전례와 성경에서 불가리아어가 사용되어야 했다. 그즈음 키릴과 메토디오의 제자들이 모라비아에서 추방되었다. 보리스 1세는 클레멘스와 나움 등을 받아들여 적극적으로 지원했다. 그들이 가지고 온 슬라브어 기도서 등과 키릴 문자가 불가리아 땅에 이식되는 순간이었다. 슬라브어는 점차 비잔티움 교회의 그리스어 대신 불가리아의 전례와 문학에 쓰이며 공식 언어가 되었다.

보리스 1세를 거쳐 그의 아들 시메온이 통치하던 불가리아는 황금기를 구가했다. 이 시기에 클레멘스와 나움 등이 키릴 문자를 더욱 발전시켰다. 애초에 키릴과 메토디오는 고대 불가리아어 문자인

몇 번이나 파괴되고 복원되어온 릴라 수
도원에서 가장 오래된 건물인 흐렐리요
탑이 아직도 견고하게 역사를 증거 하고
있다. 정문인 두프니차 문이나 뒷마을로
이어지는 사모코프 문은 상대적으로 새
롭게 그려진 그림들이 무척 밝은 분위기
를 만든다.

글라골리차를 만들었는데, 이를 더 발전시킨 키릴 문자가 러시아를 포함한 슬라브권 전체로 퍼져나갔다. 현재의 러시아어와 불가리아어, 세르비아어 등의 모태가 된 문자가 불가리아에서 태어났기 때문에 불가리아 사람들의 자긍심은 오늘날도 대단하다.

그들은 성 키릴과 메토디오 축일인 5월 11일(가톨릭에서는 2월 14일)과 5월 24일 기념하는 '불가리아 계몽과 문화 및 슬라브 문자의 날' 새삼 자랑스러운 역사를 축하한다. 특히 5월 24일에는 아침 일찍부터 시민들이 가장 예쁜 꽃을 들고 소피아 시내에 있는 대통령궁 앞에 모여 기념식을 거행한다고 한다. 군악대가 축하식을 여는 연주를 하면 대통령과 장관 등이 축사를 하고 다들 국립도서관까지 행진한다. 바로 그곳에 키릴과 메토디오의 동상이 있다. 시민들은 다함께 키릴과 메토디오를 기념하는 노래를 부르고 그들의 동상 앞에 헌화한다. 불가리아 시민들이 입을 모아 부르는 노래는 초중등학교 교가로도 쓰인다고 한다.

……위대한 키릴과 메토디오
불가리아 지식의 아버지, 우리말의 창제자여
당신들의 이름은 영원하리라…….

1946년 불가리아인민공화국 수립에도 기여한 게오르기 디미트로프(Georgi M. Dimitrov)는 "불가리아 민중을 모욕하지 말라. 독일 귀족들이 라틴어만 쓰면서 모국어를 부끄럽게 여길 때, 불가리아 민중은 고대 불가리아 문자를 만들어서 보급했다."라며 자긍심을 드러내기도 했다.

이토록 슬라브 문화의 토대가 놓였지만 시메온이 세상을 떠난 후 뒤를 이은 페타르 1세 때에 나라가 쇠퇴하기 시작했다. 한때 비잔티움 제국의 인질로 콘스탄티노플에서 살기도 했던 시메온은 비잔티움의 황제를 꿈꾸었고, 실제로 크로아티아, 테살로니카, 그리스, 트라케와 콘스탄티노플을 뺀 발칸 반도 거의 전역을 지배하기도 했다. 그러나 그가 927년 갑작스럽게 세상을 떠나자 제1차 불가리아 제국은 급격히 무너져 내렸다.

페타르 1세는 신앙심은 강했지만 너무 유약했다. 외적의 공격으로 영토가 줄어들고, 기득권층과 민중들의 사는 격차가 더 벌어져 혼란이 가속되었다. 사는 게 힘들어지고 사회가 흉흉해지자 기댈 곳이 필요한 사람들은 보고밀주의 같은 혹세무민에 쉬이 빠져들기도 했다. 훗날 서유럽을 뒤흔든 카타리파처럼 보고밀파는 세상이 선과 악이라는 두 원리로 구성되었다고 보았다. 선한 신은 모든 정신적인 것을 창조했고, 물질적 현실은 악마가 만든 것이다. 그들은 교회의 제도는 물론 국가의 권위나 사회제도까지 악의 세력인 사탄이 만든 것이라며 철저하게 부정했다. 교회와 국가가 용납할 수 있는 경계를 넘어섰다. 극렬한 그들의 주장은 탄압을 불러왔다. 보고밀파는 10세기경에 불가리아에서 생겨나 14세기까지 발칸 반도 전역에 확산되었다. 이 때문에 불가리아는 이단자의 나라, '저주받은 불가리아인들의 나라'가 되고 말았다.

이런 혼란이 계속되던 중에 세상으로부터 물러나 금욕적으로 수행하려는 움직임도 커졌다. 이반 릴스키 같은 경우였다. 페타르 1세 치하였던 927년 이반은 소피아에서 120킬로미터쯤 떨어진 해발 3000미터 높이 로도스 산맥 자락인 릴라 산 작은 동굴에서 수도생활을 시작했다.

근엄해 보이는 수도원의 느낌과 달리 아기자기한 꽃무늬까지 그려넣은 릴라 수도원 건물들. 자잘한 기쁨 속에서 찬미와 감사를 드리는 가난하고 작은 수도승의 일상을 보는 듯했다.

수도원 역시 사람 사는 세상

우리가 거룩한 사람들이라고 부르게 된 성인들이 종종 그렇듯이, 그는 짐승들이 숲에서 거닐 때 하느님의 영이 거기 머무는 것을 보았다. 새들이 하늘을 가로지를 때 하느님의 영이 그들 가운데 머무는 것을 보았다. 그는 모든 것 안에서 하느님의 창조를 찬미했다. 하느님이 만든 모든 피조물 안에서 경계 없이 존재했다. 이반은 산속에서 동물들과 잘 지냈고, 약초들의 효능을 잘 살펴 아픈 이들을 치료해주곤 했다. 사람들은 이런 모습을 기적을 행하는 삶이라고 말했다.

그의 명성이 널리 퍼지자 추종자들이 모여들어 그 일대에 촌락을 이루게 되었다. 그러나 수도원은 14세기 초에 큰 지진으로 모두 파괴되고 말았다. 그때 그 지역 귀족인 흐렐리요 드라고볼라가 외침과 자연재해에 견딜 수 있도록 견고한 요새 형식으로 수도원을 개축했는데, 당시의 건물 가운데 1335년 세운 높이 25미터의 흐렐리요탑이 지금까지 남아 있다. 14세기 말에 제2차 불가리아 제국이 망하고 오스만 제국의 통치가 이어진 500년 동안에도, 이반의 수도원은 몇 번이나 습격을 받고 파괴되었다.

하지만 이슬람의 지배를 받을 때도 릴라 수도원에서의 학문활동과 신앙생활은 이례적으로 용인이 되었다. 그 덕분에 불가리아 역사가 지속성을 유지할 수 있었다. 릴라 수도원이 불가리아 사람들에게 얼마나 큰 자리를 차지하는지 알 수 있는 부분이다. 지금 만나게 되는 수도원은 1833년에 일어난 큰 화재 후 1834년부터 재건된 것이다.

수도원 입구는 말 그대로 세상과 또 다른 세상의 경계였다. 사면을 둘러싼 방들이 요새 역할을 하는 수도원 경내에는 햇살이 가

1833년 대화재 이후에 재건된 릴라 수도원의 프레스코화는 아주 선명하고 생기 있다. 뒷마을로 이어지는 사모코프 문에는 자연 안에서 모든 생명과 어우러져 살던 이반 릴스키의 삶이 그려지고, 성모탄생성당 주변으로는 성경 내용과 교리가 가득했다. 지옥 풍경조차 생생하다보니 옛날 사람들이 지옥에 대해 느꼈을 두려움을 아주 조금은 알 수도 있을 것 같았다.

득 넘실대고 있었다. 말발굽 아치에 줄무늬를 그려 넣은 성모탄생 성당의 회랑이 가장 먼저 안겨들었다. 장중하거나 엄격하기보다 경쾌해 보이기까지 하는 기둥과 아치와 회랑이었다.

검은 옷에 긴 수염, 검은 모자를 쓴 수도승들은 발칸 특유의 음울함을 자아내며 오갔지만 건물들은 무척 밝고 어여뻤다. 오랫동안 오스만 제국의 압제 속에 거듭되는 파괴 속에서도 삶과 화해하는 그들만의 철학이 있었던 것일까. 심지어 아기자기하게 꽃무늬까지 그려 넣어, 자잘한 기쁨 속에서 찬미와 감사를 드리는 가난하고 작은 수도승들의 일상을 보는 듯했다.

그러나 온 수도원을 뒤덮을 것처럼 빈틈없이 그려진 프레스코화들은 정색을 하고 있었다. 현재의 수도원은 1833년 큰 화재 후 재건된 것이어서 상대적으로 프레스코화의 색들이 무척 생기 있었다. 약 1200여 점의 프레스코화가 벽과 천장을 빼곡하게 채우고 있는데, 초기 불가리아의 성화가 규범대로 그렸던 것에서 벗어나 불가리아의 독자적인 특징들이 표현되고 있다는 평가를 받는다. 특히 오스만 제국에 항거하며 민족적 자존을 지키기 위해 용을 퇴치하는 게오르기오스나 데메트리오스 등이 많이 그려졌다.

프레스코화들은 천국과 지옥에 대해서도 말하고 있었다. 어떤 행위들이 지옥행인지도 소름끼칠 만큼 섬세하게 묘사해놓았다. 한쪽에서는 거대한 크기의 미카엘 대천사가 악마를 죽이고도 있었다. 일반적으로 미카엘 천사가 죽이는 대상은 용으로 그려진다. 용은 상상의 동물이지만 그리스도교에서는 뱀과 동일시되어 악의 힘, 악마, 유혹자 등을 의미했다. 용이 사는 곳은 '죽음의 그늘'(시편 44,19)이었다. 결국 용은 제압하고 물리쳐야 할 내적·외적인 악일 것이다.

옛 사람들은 미카엘 천사가 최후의 심판날, 하느님 곁에서 사람들을 변호해주는 존재라고 믿었다. 악마가 우리 죄를 조목조목 고발하며 어떻게든 죄의 무게를 늘려 지옥으로 끌고 가려고 저울을 한 손으로 내리누를 때 미카엘은 우리를 천국으로 데려가주기 위해 자신의 저울로 우리 영혼을 잴 거라는 것이다. 사람들은 그날을 위해 미카엘 천사에게 간절히 기도하곤 했다. 중세에는 특별히 미카엘 천사에게 기도하는 여러 성소가 생겨나기도 했다. 천공의 성이라고 불릴 만큼 기묘한 아름다움을 간직한 프랑스의 몽생미셸 역시 천사 미카엘에게 봉헌된 곳이었다.

미카엘 천사 말고도 용을 죽이는 성인이 있다. 유럽의 곳곳에서 만나게 되는 그는 성 게오르기오스, 제오르지오라고도 불리는 조지다. 디오클레티아누스 황제 때 순교한 게오르기오스는 어느 순간, 용에게 딸들을 제물로 바쳐야 하는 바닷가 마을을 지나다가 공주를 구했다는 전설 같은 이야기의 주인공이 되었다. 그리스 신화 속 페르세우스와 안드로메다 얘기처럼 어디선가 들은 것 같은 이런 영웅담은 꼬리에 꼬리를 문 훈훈한 일화로 이어졌고, 그는 단박에 이름을 날리는 영웅이 되었다.

영국과 포르투갈과 독일, 그리고 이탈리아의 여러 도시, 특히

용을 찔러 죽이는 기사 게오르기오스나 미카엘 천사는 우리 내면과 세상의 악을 이겨내라는 권고가 아닐까. 중세에는 성당에서만이 아니라 사람들의 일상에서도 게오르기오스를 만날 수 있었던 것 같다. 식당에서 만난 성 게오르기오스. 밥을 먹으면서도 악을 경계하라!

베네치아와 페라라의 수호성인인데다가 동방교회에서 '위대한 순교자'로 공경을 받다 보니 용을 찔러 죽이는 이 성인은 아주 자주 만나게 된다. 릴라 수도원에 올라오기 전 점심을 먹은 작은 식당 벽에도 게오르기오스가 용을 제압하는 그림이 붙어 있었다. 중세에 청년들의 로망이었던 기사 작위식에서, 후보들은 자신의 칼을 들고 하느님과 고통 받는 이들에게 봉사하리라고 맹세했다. 그리고 마침내 주교가 기사 작위를 수여하면서 그들을 포옹하며 말했다.

"하느님과 성 미카엘, 성 게오르기오스의 이름으로 주는 이 기사 작위로 용기를 내 충성을 다하라."

미카엘 천사와 성 게오르기오스는 나 자신을 불행에 빠뜨리는 악, 공동체를 절망에 빠지게 하는 악을 상기시키는 존재다. 그들처럼 모든 악으로부터 나를 지키고 타인을 구하라. 그리하여 마침내 세상을 아름답게 하라. 그것이 중세 기사도의 핵심이었다.

성모탄생성당에 들어섰다. 어둠에 조금씩 눈이 익숙해지자 거대한 황금빛 성화벽 아래 안치된 이반의 관이 눈에 들어왔다. 서방교회는 카롤링거 왕조 때인 9세기경 모든 교회 제단에 성인의 유골을 안치해야 한다는 법을 제정할 정도로 성유골을 중요시했다. 동방교회 역시 성인들에 대한 공경이 죽음 후까지 이어졌다. 살아생전 추앙을 받았던 이반 릴스키는 죽은 후에도 많은 이적을 일으키는 것으로 유명해서 거의 500년 동안을 이리저리 떠돌아다니는 신세가 되고 말았다. 그의 유해는 페타르 1세가 있던 소피아로 옮겨졌다가 1183년에는 소피아를 점령한 헝가리의 수도 에스테르곰으로 반출되었다. 1187년 소피아로 다시 돌아왔지만 이번에는 제2차 불가리아 제국의 이반 아센 1세의 명령으로 1194년 벨리코 투르노보로 옮겨져야 했다.

릴라 수도원으로 돌아온 것은 1469년으로, 거의 500년 만의 일이었다. 많은 통치자들의 후원과 보호에도 불구하고 쇠락해가던 수도원이 성인의 유해가 돌아온 후 다시 번성했다고 한다. 불가리아 사람들은 이 또한 성인 덕분이라고 받아들이고 있다. 그의 전전이 끝나면서 릴라 수도원은 발칸 지역 전체의 순례지가 되었다.

어둠에 잠긴 성당이 한없이 장엄했다. 한 민족의 질곡이, 숱한 이들의 이별이, 고국을 위해 동포를 위해 자신의 삶을 희생제물로 내놓았던 많은 이들의 헌신이 키 높은 촛대 위에 촛불처럼 타올랐다. 500년 동안 오스만 제국의 지배 아래서 피눈물을 흘렸던 사람들의 기도가 들리는 듯도 했다. 수도 없이 되풀이되는 압제자의 횡포 앞에 또 한 어머니의 아들이 집을 떠나, 가족을 떠나 울부짖었을 것이다.

"어머니, 제가 독립투사가 되었다고 울지도 슬퍼하지도 마세요. ……젊은이들을 고통스런 외국 땅으로 추방시켜 떠돌게 만드는 추악한 터키인들을 저주하고 또 저주하세요!"

크리스토 보테프의 한탄도 이처럼 비장했다. 그는 "어머니와 둘이서 행복과 영광을 누리는 꿈을 수십 수백 번 꾼" 수많은 아들의 한 사람이었다. 그가 독립운동에 투신한 지 30년쯤 지나 불가리아는 오스만 제국으로부터 독립했다. 그런데 수백 년의 신산을 어찌 형언하랴. 오스만 치하에서 릴라 수도원은 불가리아 사람들에게 피난처이자 안식처가 되어준 성소였다. 사람 사는 세상의 냄새가 나는 수도원 정경이 무척 편안했다. 보야나 성당도 그렇지만 릴라 수도원이 불가리아 사람들에게 영원한 고향 같다는 것이 어떤 의미인지 조금은 알 것 같았다.

수도원을 에워싼 릴라 산맥은 하이킹에도 적합하다고 한다. 그날도 스틱을 짚으며 산모퉁이를 막 돌아 나오는 젊은이들이 있었다. 이 깊고 험한 산자락의 수도원에서는 숙박이 가능하다. 여행자의 발길이 잦아들고 석양이 지는 수도원에서 떠나야 하는 조급함 없이 하루를 묵는다면 무엇을, 어떤 순간을 만날 수 있을까.

이름도 어여쁜
불가리아의 수도

다시 들어선 오후의 소피아는 더 추웠다. 냉전시대에 살얼음 같던 '동구(東歐, 동유럽)'의 뉘앙스처럼 을씨년스러운 바람이 몰려들었다. 오래된 도시 소피아에는 도심에만 해도 수백 년의 역사를 간직한 성당이 여럿 있었다. 도시와 같은 이름을 가진 소피아 성당부터 가장 오래된 게오르기오스 성당, 오스만 제국으로부터 독립을 도와준 러시아에 감사의 마음을 담아 세운 알렉산드르 네프스키 성당과 테러의 기억이 남은 네델리야 성당까지.

거룩한 지혜 소피아

버스에서 내리자마자 높은 탑 위에 선 소피아 상이 눈에 들어왔다. 원래 레닌의 조각상이 있었던 곳에 세워진 24미터 높이 청동상의 주인공은 아마도 '소피아 성녀'나 '여신 소피아'가 아니라 삼위일체 하느님인 성자 예수를 가리키는 지혜(Σοφία)일 것이다. 동방교회 본산이었던 콘스탄티노플의 하기아 소피아는 말 그대로 '삼위일체의 제2위격인 그리스도의 거룩한 지혜'를 가리켰다.

　아마도 동방교회에서는 그리스도의 지혜(소피아, 잠언 8.22-

도시의 이름이기도 한 소피아 성당에는 소피아와 세 딸을 의인화한 이콘도 보였다. '성스러운 지혜' 자체인
예수 그리스도가 젊은 임마누엘로 표현된 이콘도 성화벽에 있다.

24.27; 집회 24,3-6.9 참조)에 대하여 좀 더 깊은 관심과 애정이 있었
던 것 같다. 덕분에 유스티니아누스 황제가 감히 솔로몬을 이겼다
고 환호한 콘스탄티노플 대성당의 이름도 '하기아 소피아'가 되었
고, 불가리아 수도인 이 도시 역시 6세기경에 지어진 성당의 이름
을 따 소피아가 되었다고 한다. 성당을 건축한 황제의 황후 혹은
공주가 아팠는데, 기도로 병이 낫자 감사의 뜻으로 성당을 짓고
그 이름을 땄다고도 하지만 두 성당을 건축한 유스티니아누스에
게는 자녀가 없었다.

한편 2세기의 성녀 소피아를 기리는 것이라고도 한다. 그런데
〈가톨릭굿뉴스〉(www.catholic.or.kr)에서는 "전설에 의하면 2세기
의 성녀 소피아는 동정 순교자 성녀 피데스(Fides)와 스페스(Spes)
그리고 카리타스(Caritas)의 어머니이다. ……지혜라는 의미를 지닌

성녀 소피아의 생애와 관련이 있는 전설적인 이야기는, 동방 지역에서 세 가지 신학적인 덕목들, 즉 피데스(신덕), 스페스(망덕), 카리타스(애덕)의 원천인 신적인 지혜를 숭배하던 관례에서 비롯된 것으로, 신학적인 덕목들을 의인화해서 우화적으로 해석한 것으로 여겨지기도 한다."고 설명하고 있다.

세르디카의 자취

지하철 공사 중에 오랫동안 묻혀 있던 세르디카의 유적이 발견되어 계속 발굴되고 있었다. 세르디카(Serdica)는 비잔티움 시대 이 도시의 이름으로 14세기 이후에야 소피아로 불리게 되었다. 그리스도교 신앙이 자유를 얻은 후 그 믿음의 내용이 틀을 잡을 때 가장 먼저 부딪힌 갈등이 아리우스주의였다.

아리우스(Arius)는 '창조된 예수'는 하느님과 같은 존재가 아니라고 주장했다. 325년 첫 공의회가 니케아에서 열려 아리우스의 주장을 이단으로 선언하고, 성부와 성자와 성령이 한 하느님이라는 삼위일체 교리를 확정했다. 343년에는 바로 여기 세르디카에서 또 한 번의 교회회의가 개최되었다. 각 교회에서 모인 316명의 주교는 이 회의에서 아리우스주의에 대항할 수 있도록 힘을 모았다고 한다.

3세기경에 로마인들이 성벽을 쌓고 도시를 방어한 흔적들이 지금도 있는데 지하도를 건너면서 그 기록을 언뜻 볼 수 있었다. 소피아는 여전히 진행되는 발굴 현장을 그대로 현실 속에 두고 있다. 현재와 과거가 그냥 함께 머무는 것이다. 잠시 지하도를 건너는 중에도 여기저기 돌들의 흔적이 즐비했다. 미처 발굴되지 않은 채 영원의 기억 속에 머물고 있는 어떤 이야기들이 거기 묻혀 있었다.

세르디카역에서 바로 이어지는 스베타 페트카 교회의 침묵 속에도 알지 못하는 이야기들이 담겨 있었다. 이 작지만 오래된 교회 안에는 인적이 없었다. 10세기 중반에 살았던 불가리아 성녀 페트카에게 봉헌된 성당의 붉은 촛대에 촛불이 타고 있었다. 핍박 중에 이곳을 찾았을 그리스도인들의 자취가 퇴색하고 벗겨진 프레스코화에 배어 있었다.

조금 부자연스러운 이 성당의 모습은 오스만 제국 시절 그리스도인들의 처지를 생각하게 한다. 당시 모든 그리스도교 교회는 지상으로 나와서는 안 되었다. 교회를 신축하는 건 당연히 안 되는 일이었고 심지어 낡은 교회를 보수할 수조차 없었다. 그리스도인들은 '비무슬림 식민이 지켜야 할 규율집'의 세부사항들을 따라야 했다. 성당의 상징성 때문인지 오스만 제국에 의해 죽임 당한 불가리아의 독립운동가 바실 레프스키의 시신이 비밀리에 묻혔다고도 하는 스베타 페트카. 지하 성당의 어둠을 벗어나 밖으로 올라오니 가장 먼저 저 높이 두 팔 벌리고 서 있는 소피아 상이 눈에 들어왔다.

게오르기오스 성당으로 향했다. 최고급 호텔의 중정에 로마시대 유적을 곁에 두고 자리한 작고 둥근 붉은 벽돌 성당이었다. 성당 정면 두 개의 아치 사이 붉은 벽돌 위에도, 현관 성화대에도 주보성인인 게오르기오스가 있었다. 아기 예수를 안은 성모마리아와 예수님 앞에 놓인 키 큰 촛대의 붉은색 이미지가 마음에 와 박혔다. 정교회의 제병(祭餅. 미사에서 성체로 축성되는 빵. 정교회에서는 '성당빵'이라고도 부른다)에도 새겨지는 'IC XC NICA'('예수 그리스도는 승리하신다.'라는 뜻)라는 인장이었다.

오스만 제국 시절 그리스도인들의 힘든 처지를 짐작해볼 수 있는 스베타 페트카 교회 안팎.

성당 안은 순식간에 고적했다. 콘스탄티누스 대제 때 지어진 건축물 가운데 유일하게 남아 있다는 이 성당은 오스만 제국 점령지에서 늘 그랬듯이 한때는 모스크로 사용되기도 했다. 이반 릴스키의 유해가 릴라 수도원으로 돌아가기 전에 안치되었다고도 전해지는 곳이었다. 성당은 온통 세월을 느끼게 하는 프레스코로 가득했다. 천장 돔에는 22명의 예언자가 그려져 있다는데, 도저히 형체를 알아보기 어려울 만큼 색이 바라고 뭉개져 있었다. 중앙의 판토크라토르만이 희미하게 알아볼 수 있을 정도였다.

여러 성당 가운데 네델리야 성당은 오래되지 않은 비극적 사건의 현장이기도 했다. 10세기경에 지어진 이곳은 1925년 국왕 보리스 3세를 노린 폭파로 크게 무너져버렸다. 정작 왕은 참석하지 않아 죽음을 면했지만 150여 명이 목숨을 잃고 수백 명이 부상을 입은 그 불행한 사건의 개요가 성당 입구 벽에 기록되어 있었다.

그로부터 몇 주 후 가톨릭교회의 론칼리 대주교가 교황청 순시자로서 소피아에 도착했다. 나중에 제2차 바티칸 공의회를 열어 가톨릭교회와 세계 전체에 엄청난 충격과 반향을 가져온 교황 요한 23세, 바로 그였다. 그가 오리엔트 특급 열차에서 내렸을 때, 그 지방 가톨릭 신문은 폭탄 공격의 후유증을 자세히 설명하고 있었다.

> 연기가 온 사방을 뒤덮었고 아무도 출구를 찾을 수 없었다. 희생자들의 피와 괴로워하는 사람들의 눈물이 아직도 생생하다.
> ―그렉 토빈, 《요한 23세 성인 교황》(허종열 옮김, 가톨릭출판사, 2014)

대주교의 첫 공식 활동은 깊은 슬픔에 잠긴 테러 희생자들을 찾아 위로하는 것이었다. 불가리아 사람들은 600년 만에 찾아온 교

로마시대 유적 가운데 자리한 게오르기오스 성당은 콘스탄티누
스 대제 때 지어진 건축물 가운데 유일하게 남아 있는 곳으로 이
반 릴스키의 유해가 안치되기도 했다.

소피아 성당의 붉은 벽 앞에 '꺼지지 않는 불꽃'이 타고 있다.

황사절을 미심쩍게 바라봤지만—교황은 서방교회의 수장이고 불가리아는 동방교회에 속했다—그는 동방교회 신자들이 하느님을 '우리 아버지'라고 부르는 한 그들을 형제라고 생각했다. 불가리아에서 "동서방교회 여기저기에 쌓인 벽에서 벽돌을 한 장씩 떼어 내려고 애쓰고 있다."고 밝히기도 했던 그는, 1962년 문을 연 제2차 바티칸 공의회에서 '갈라진 형제들'의 자리를 마련했다. 그리고 공의회는, "……이 일을 온 마음으로 추진하여 동서방교회를 갈라놓은 장벽을 무너뜨리고 두 교회를 하나로 만드시는 예수 그리스도를 견고한 주춧돌로 삼아 마침내 하나의 집이 이루어지기를 바란다."(제2차 바티칸 공의회 〈일치운동에 관한 교령〉 18항)고 선언했다.

네델리야 성당에서 문득 생각하니 아찔한 일이었다. '교황청 순시자'로서 가톨릭 대주교도 공식적으로 장례식에 참여해야 하는 인사는 아니었을까. 만약 그가 좀 더 일찍 소피아에 도착해서 그

알렉산드르 네프스키 성당에도 죽은 이와 산 자를 위한 촛불이 흔들리고,
석양의 남은 빛이 돔마다 물들고 있었다.

장례식에 참가했다면? 만약 불행하게도 그날의 희생자에 포함이
되었더라면? 우리에겐 제2차 바티칸 공의회가 없었을 것이고, 가
톨릭교회는 여전히 창문을 닫아 건 채 오늘에 이르렀을지도 모를
일이다.

대통령 궁을 지나고 비잔티움 황제 유스티니아누스가 건설했
다는 소피아 성당을 길 건너에서 바라보며 걸었다. 소피아 성당
벽에 면해 영원히 꺼지지 않는 불이 나라를 위해 죽어간 영령들을
기리고 있었다. 그리고 알렉산드르 네프스키 성당이 바로 앞에 있
었다.

1882년 착공해 30년 동안 정성 들여 완성한 이 성당은 중세 러
시아의 영웅인 블라디미르 대공, 성 네프스키로부터 이름을 얻었
다. 러시아-투르크 전쟁(1877~78)에서 전사한 20만 명의 러시아
군인을 기리기 위해 지은 곳이어서 성당 곳곳에 러시아 십자가가
보였다. 이 전쟁은 불가리아가 오스만 제국으로부터 독립할 수 있

는 계기가 되었다. 열두 개의 황금 돔이 아름다운 네오비잔틴 양식의 이 성당은 발칸 반도 최대의 정교회 성당이었다가 이제 벨그라드의 사바대성당에 그 자리를 내주었다.

어두운 성당 안에는 장엄한 침묵이 흐르고 있었다. 산 이와 죽은 이를 위한 촛불이 어둠 속에 빛나고, 각각 불가리아, 러시아, 기타 슬라브 제국들을 위해 봉헌된 세 개의 제단 앞에는 하염없이 기도하는 사람들이 이어졌다. 이미 해가 지고, 석양의 남은 빛이 돔마다 물들고 있었다.

플리트비체
그 푸른 물소리

낮고 둥근 나무들 사이로 작은 집들이 종종 나타나는 평원이 이어지고 있었다. 열악해 보이는 환경인데 이 마을에 사는 사람들은 열악하다고 생각할까? 그래서 우울하고 불행할까?

발칸의 낙후한 나라를 다니면서 잘 산다는 것이 무엇인지를 자꾸 묻고 있었다. 경제수준이 좀 낮아 보이지만 그들은 무척 안온하게 살고 있다는 인상이다. 삶의 농밀함을 만끽하고 있다는 느낌이다. 그런 농밀함이 정말 잘 사는 일의 척도가 아닐까. 기술발전 덕분에 누리는 도구의 편리함이나 디지털화된 세련됨의 문제가 아니라 원초적인 만족과 따뜻함이 있는 사회, 공감이 가능하고 정직과 성실 같은 가치가 아직 소용이 있는 사회에서는 분명히 사는 일이 덜 힘겹고 덜 불행하지 않을까. 경제수준이 낮은 나라들의 국민행복지수가 높은 것은 어쩌면 필연적인 결과인지도 모르겠다. 상대적 박탈감으로 야기되는 소외와 좌절과 분노도 덜할 터이니.

플리트비체의 가을 속으로 들어가고 있었다. 지나는 마을 입구에 예수님인지 전쟁 영웅인지 누군가를 기념하는 상 앞에 꽃이 봉헌되어 있었다. 그들의 역사가, 그들이 살아온 자취가 거기 있었다. 아이들은 오가며 예수님을 만나고 영웅들을 만나며 자랄 것이다. 우리는 성황당도 장승도 다 버리고, 많은 풍습도 잃어버린 채 누구에게서 역사와 조상들의 삶을 배우고 이어받을 수 있을까.

플리트비체를 생각하면서 문득 그 공간에 어울리고 싶었다. 그 숲과 그 호수와 그 나무로 만든 길들에 어울리는 자세로 들어서고 싶었다. 그것은 창조주 하느님이 빛을 만들고 숲을 만들고 뭍과 물을 만들던 그 순간, 사람을 만들어 어울려 잘 살라고 한 그 순간으로 들어선다는 의미였다. 그 순간과 가장 어울리는 모습으로 그 원초의 자연을 거닐고 싶었다. 사람을 위해 준비한 버라이어티한 축제의 공간에서, 세상 만물을 창조한 이를 기억하며 찬미하고 싶었다. 그 아름다움에 어울리는 방문객이고 싶었다. 창조의 순간처럼, 훼손되지 않은 존재를 꿈꾸며 가는 길이었다.

플리트비체는 크로아티아의 여덟 개 국립공원 가운데 규모가 가장 크다. 1949년 유고슬라비아 연방 시절에 국립공원으로 지정된 후 1979년에는 유네스코 세계자연유산이 되었다. 이렇게 눈부신 공원에도 전쟁의 상흔이 배어 있었다. 지나오며 본 조각상이 그때의 희생자일지도 모르겠다.

　1991년 부활절 아침 플리트비체 호수공원에 총성이 울려 퍼졌다. 그 전해에 크로아티아가 유고연방에서 탈퇴를 시사하자 플리트비체가 포함된 크라지나 지역의 세르비아계 주민들이 반기를 들었다. 그들은 즉시 크라지나 공화국을 수립했는데 3월 31일 그 아침에 양측이 충돌한 것이다. 이때 크로아티아의 경찰 요비츠 요비치가 사망하면서 플리트비체의 '피의 부활절'은 유고전쟁의 도화선이 되고 말았다. 이후 크로아티아와 세르비아의 갈등은 격화

크로아티아 국립공원 가운데 규모가 가장 큰 플리트비체 호수는 유네스코 문화유산이기도 하다. 크고 작은 16개의 호수와 거의 백 개에 이르는 폭포가 이어지고 있다. 사방에서 물이 흐르다보니 물소리 속을 걷는 듯하다.

되었고, 세르비아의 밀로셰비치는 세르비아인들을 보호한다는 명목으로 지원군을 보내 크로아티아를 공격했다. 크라지나 공화국은 1995년 크로아티아에 합병될 때까지 플리트비체 호수를 장악했다.

이 전쟁 동안 매설된 지뢰 때문에 플리트비체 호수공원은 1992년 '위기에 처한 세계유산'으로 분류되었다가 크로아티아 정부의 지뢰 제거 작업으로 1998년 원래의 지위를 회복했다.

크고 작은 호수 16개와 호수로부터 쏟아지는 92개의 폭포가 8킬로미터에 걸쳐 이어지는 공원은 계속 물길이었다. 폭포든 작은 도랑이든 물길로 이어지는 길이어서 자칫하면 빠질 수도 있었다. 부신 햇빛 아래 정신 차리며, 하늘에서 쏟아지는 폭포의 시작을 올려다보다 발아래를 내려다보다 눈길과 발걸음이 아주 바빴다.

플리트비체 호수에 요정이 산다던데 때론 정말 물속에 잠긴 나뭇가지를 밟고 요정이 퐁당퐁당 건너올 것도 같았다. 사방팔방에서 물이 흘렀다. 수직으로 흐르는 물은 폭포가 되고 수평으로 흐르는 물은 호수를 이뤘다. 발길 닿는 곳마다 물이 흘러서 물소리가 발아래에서, 머리 위에서, 옆구리에서 일렁거렸다. 호수마다 물의 색깔이 제각각 달라 그 다채로운 빛깔 덕분에도 눈이 호사를 했다. 석회암 지반이 세월을 따라 물에 분해되고 깎이며 만들어낸 호수와 골짜기여서 호수 바닥에 석회암이 얼마나 가라앉아 있는지에 따라 물 색깔이 달라진다고 한다.

모든 게 자연에서 얻은 것들로, 그 광활한 공간에 콘크리트를 바른 구조물이나 조악한 조형물 따위는 아예 없었다. 최소한의 친절로, 호수의 고도와 수량 등을 적은 푯말을 꽂아놓은 것 말고는 사람이 다니는 물길 위의 나무다리가 전부였다. 공원을 제대로 돌아보려면 족히 몇 시간이 소요된다는데 그 흔한 매점 하나 화장실한 곳 보이지 않았다.

영겁의 세월을 느끼게 하는 푸르른 이끼와 수초들의 향연을 지나 배를 타고 호수를 건너는 선착장에 닿았다. 명성이나 규모에 비해 소박하기 이를 데 없는 선착장이었다. 약 3킬로미터가 되는 코자크 호수를 전지의 힘으로 움직이는 배를 타고 건넜다. 수질 오염이나 소음이 발생하지 않도록 이들은 정성을 다하고 있었다. 바람 잔 호수 위를 소리 없이 배가 흘러가니 온 세상이 그저 그림 속이었다. 장엄하고 신비로운 자연을 뒤로 하고 다시 사람들의 세상으로 돌아왔다.

자그레브에는 '실연박물관'도 있다. 구시가를 걷던 저 사람은 유리창에 비친 누굴 찾고 있는 것일까?

무수한 이야기,
자그레브

자그레브로 가며 수없이 작은 성당들을 스쳤다. 넓다. 푸르다. 풍요로워 보인다. 그리고 아주 쪼그만 성당들. 몇 사람이나 들어갈 수 있을까 싶을 만큼 작은 성당이 마을마다 뾰족한 첨탑으로 존재를 드러내고 있었다. 그 성당들의 일상이 궁금해졌다.

태조 이성계가 젊은 시절 사냥을 하다가 목이 말라 우물이 있는 곳을 찾아 말을 몰았다. 때마침 우물가에 한 여인이 있어 물 한 그릇을 청하였다. 그러자 여인이 수줍은 손길로 바가지를 건네는데 물 위에 버들잎이 가득 뿌려져 있었다. 이성계가 "물을 주려거든 그냥 줄 일이지 이게 무슨 고약한 짓인가?"라고 화를 내자 여인이 답했다. "갈증이 나 서둘러 달려오신 것 같아 급히 마시고 체하실까 그리하였나이다." 감탄한 이성계가 그제야 여인을 찬찬히 살펴보았다. 이성계와 신덕왕후 강 씨의 첫 만남이었다.

느닷없이 그들의 만남을 얘기하는 건 '목마른 사람들'과 '샘물' 때문이다. 크로아티아 수도 자그레브라는 지명은 이 지역을 통과하던 장군이 목마른 병사들을 위해 우물을 파라고 한 데서 비롯되었다고 한다. 이름의 유래에 대해 여러 얘기가 있는데 공통점은 목마른 사람들과 샘물이 등장한다는 점이다. (물을) '푸다', '뜨다'

라는 뜻인 'zagrabiti'에서 변형된 것이 Zagreb의 유래라는 설이
가장 유력한 것으로 전해진다. 그런 유래를 가진 이 도시의 이름
이 좋았다.

자그레브의 니콜라 테슬라

마르코 성당을 향해 걷다가 양옆으로 들어선 집들 가운데 한 벽에
붙어 있는 니콜라 테슬라의 옆얼굴을 보았다. 자그레브 시의회 건
물이라고 했다. 천재 과학자였던 테슬라는 1856년 지금의 크로아
티아 스밀란에서 태어났다. 당시는 오스트리아-헝가리 제국 시절
이었다. 1918년 제1차 세계대전에서 오스트리아가 패하자 크로아
티아는 세르비아-크로아티아-슬로베니아 왕국에 합류했고, 나중
에는 구 유고슬라비아 사회주의연방공화국의 하나가 되었다. 테
슬라 역시 구 유고연방 사람들이 겪었을 정체성 혼란에서 자유롭
지 못했을 것이다. 개인의 문제만이 아니라 나라들도 마찬가지였
다. 지금도 세르비아와 크로아티아는 이 놀라운 과학자를 서로 자
국 출신이라고 홍보하는 중이다. 에디슨에 버금가는, 혹은 그를
능가한다는 평가를 받는 뛰어난 과학자가 자국 출신이라는 것은
무척 중요한 일이다.
　세르비아 수도 벨그라드에는 그의 유해가 보존된 테슬라 박물
관이 있고, 크로아티아의 고향 마을에는 기념관이 있다. 테슬라
탄생 150주년이었던 2006년에 크로아티아는 '니콜라 테슬라의
해'를 선포했다. 세르비아는 벨그라드의 국제공항 이름을 '테슬
라'로 바꾸기도 했다. 생전에 테슬라는 "내가 크로아티아에서 세
르비아인 부모님에게 태어났다는 사실이 똑같이 자랑스럽다."고
말했다는데, 그나마 시간이 지나면서 세르비아가 테슬라 박물관

마르코 성당으로 가는 길목에 니콜라 테슬라의 옆얼굴이 붙어 있다. 에디슨을 능가하는 과학자로 평가되는 그가 크로아티아 스밀란에서 태어났다. 당시는 오스트리아−헝가리 제국 시절이었다.

소장 자료 사본을 스밀란 기념관에 제공하기도 하는 등 서로 협력하는 모습이어서 다행이다.

에디슨은 자신보다 뛰어나고 자신이 조종할 수 없는 테슬라를 평생 음해하고 폄하했다고 한다. 특히 전류전쟁에서는 흑색선전까지 동원해 테슬라와 그의 교류시스템을 깎아내렸다. 무선통신, 전기조명시스템, 유도전동기 등 지금 우리가 이용하는 무수한 기술이 테슬라로부터 왔지만 기록은 그를 지우고 있었다.

시간이 흐르자 테슬라는 과학자들이 가장 존경하고 닮고 싶어 하는 목록에 늘 오르고, 많은 사람들이 그의 삶과 그의 과학에 대해 알고 싶어 했다. 테슬라가 혼자 살던 호텔방에서 외로이 죽었을 때 그의 옆에 한 입 베어 먹은 사과가 있었는데, 그를 존경하던 애플 창시자가 그를 기려 애플마크를 만들었다는 믿거나말거나 류의 얘기도 있다. 그가 죽었을 때 호텔방에 남겨진 그의 노트들을 미국정보기관에서 가져갔고, 그것을 기반으로 모종의 연구가 진행되었다고도 한다. 후에 테슬라의 조카에게 전해진 그 기록들은 현재 세르비아 벨그라드의 니콜라 테슬라 박물관에 보존중이다.

이 특별한 사람은 어쩌면 많은 과장과 비약으로 더 판타지가 되어버린 것 같은 인상도 풍긴다. 그는 탁월한 능력을 갖고 있었지만 그보다는 독특한 성격 때문에 사람들에게 회자되었다. 예컨대 그는 평생 여자를 만나지 않았다. 순전히 시간이 없다는 이유에서였다. 음식도 극히 소량만 먹었다. 3으로 나눠지는 수에 집착하던 그는 항상 식탁에 마련된 18장의 냅킨으로 그릇을 다시 닦아야 할 정도로 세균을 염려했고, 여성들의 귀에 우아하게 매달리는 진주목걸이를 무척이나 싫어했다.

평생 안온한 가정을 꾸려본 적이 없는 그는 호텔에 장기투숙했다. 아흔이 다 되어가는 테슬라의 사진을 보았다. 원체 섭취하는 음식량이 적었던 데다 말년에는 궁핍하기까지 해서 그의 스산한 마지막 시간이 고스란히 드러나는 얼굴이었다. 엄청난 성과에도 불구하고 그는 가난에 찌든 채 외로이 임종을 맞았다. 잠시 그를 기억하게 하는 길에서 이제는 영원한 안식을 얻었기를 기원했다.

점등인이 사는 마을

너른 광장에 들어앉은 마르코 성당은 더 환하고 예뻤다. 문이 닫힌 성당 앞으로 영화 〈신부의 아이들〉(빈코 브레잔, 2013)의 그 젊은 신부가 황급히 뛰어가는 장면이 오버랩되었다.

한 가지 재미있는 역설이 있었다. '빛의 제국'을 연 니콜라 테슬라의 나라 크로아티아의 수도에서 여전히 가스등을 켠다는 사실이다. 자그레브 구시가의 가로등은 전기스위치로 점멸하는 게 아

자그레브의 가로등들. '빛의 제국'을 열어준 테슬라의 고향은 아직도 점등인이 불을 켜는 가로등을 쓰고 있다. 조금 당황스러운 역설이다.

니라 사람들이 일일이 불을 붙인다. 각각의 건물에 붙어 있는 가로등은 200여 개의 가로등을 켜고 끄는 점등인의 손길로 불이 밝혀진다. 언젠가 테슬라가 '전기등'을 제안했지만 자그레브 시청은 이를 거절하고, 지금도 긴 막대기를 이용해 불을 켜고 끈다고 한다. 하루의 어둠을 밝히는 등을 켜고, 새로운 하루를 밝히는 햇빛 아래 불을 끄는 그들의 시간 속을 걸었다. 세계의 어둠을, 타인의 어둠을 밝히는 어린왕자의 점등인이 사는 마을이었다.

〈신부의 아이들〉에 등장하는 저 마르코 성당의 신부도 작은 고해실에 앉아 슬프고 어둔 누군가의 마음에 등불 하나 켜고 있을 것이다. 생각해보면 마음의 어둠을 밝혀주는 것이 고해사제들의 손길이다. 그가 켜는 불빛은 누군가의 영혼을 빛으로 이끈다. 어둠으로부터 빛으로 이끄는 손길, 그래서 그의 행위가 거룩해진다.

마르코 성당을 지나 골목을 따라 내려오다 스톤게이트를 통과했다. 자그레브 성벽에는 다섯 개의 문이 있었는데 1731년 대화재 때 모두 소실되고 이곳만 남았다고 한다. 아기 예수를 안은 성모 마리아 성화가 액자까지 타버린 와중에도 원래 그림은 화를 입지 않아서, 자그레브 사람들이 거룩한 장소로 여기며 늘 찾아와 기도하는 곳이 되었다. 벽들을 가득 채운 감사의 표지들 한 쪽엔 작은 기도처도 있었다. 크로아티아가 가톨릭 국가라서 가능한 일이지만 도심 한복판에 개방된 기도처가 있다는 건 부러운 일이었다.

막 문을 나서 말 위에 올라탄 게오르기오스 상을 보며 내려가는데, 한 수녀가 장미 한 송이를 들고 문으로 들어가 성모님께 봉헌했다. 자그레브의 성 게오르기오스는 바로 맥주집 곁에서 용을 제압하고 있었다.

모름지기 광장이란 그렇게 하늘도 가득 바라볼 수 있어야 한다. 자그레브 대성당 앞마당은 번잡한 세상 속에서 불쑥 기도할 수 있는 곳, 영원을 향하는 길목으로 들어선 듯한 넓이와 여유를 선사했다. 그리고 황금성모님은 그 높이에서도 세상을 향해 두 팔 펼치고 계셨다. 1093년에 헝가리 왕 라슬로가 건설을 시작했으니 얼추 1000년이 다 되어가는 성당이다. 그동안의 신산한 질곡을 말로 다할 수 있을까. 완공도 되기 전부터 몽골족의 방화로 완전히 파괴되어 그라데츠 구역을 중심으로 외벽을 쌓고 성당을 재건했다. 하지만 1880년에는 대지진으로 또다시 수난을 겪어야 했다.

성당 안에는 정말 많은 사람들이 기도하고 바라보고 오갔다. 다른 곳과 달리 대부분의 방문객들이 신자로 보였다. 그들은 글라골리차 문자가 새겨진 벽 아래 십자가에 달린 예수님께 꽃을 바치고, 그 옆으로 이어지는 성모자상 앞에서 촛불을 켜며 기도했다.

아기자기 구시가를 걷다가 들어선 자그레브 대성당 광장은 참 넓었다. 그리고 성모님은 무척이나 높이도 계셨다.

자그레브 사람들의 일상에 함께하는 공간 같았다. 성 키릴과 메토디오가 만든 것으로 알려진 글라골리차 문자는 9세기부터 16세기까지 슬라브어 지역에서 사용되다가 점차 라틴 문자에 밀려 사라져갔다. 크로아티아에서는 19세기까지 거의 1000년 동안 사용된 이 문자에 대한 사랑이 느껴졌다. 대성당 안의 이 비문은 1944년 경에 만들어져 그리 오래된 역사는 아니지만 글라골리차 문자를 만난다는 것으로도 반가웠다(53쪽 참고).

자그레브 대주교 스테피나츠

자그레브 대주교였던 스테피나츠 복자는 붉은 옷에 황금빛 주교 관을 쓰고 제대 뒤에 안치되어 있었다. 크로아티아 사람들은 그를 무척 존경하는 분위기였다. 젊은이들도 할머니들도 그의 관 앞에서 오래 기도하며 머물렀다. 1998년 성 요한바오로 2세가 그를 시복했을 때 나치 지지 전력이 논란을 불렀다. 그는 나치의 괴뢰정권인 우스타샤의 안테 파벨리치가 수용소를 짓고 70여 만 명에 이르는 유다인과 집시, 세르비아인 등을 학살할 때 암묵적인 지지를 보냈다는 혐의를 받았다. 야세노바츠 수용소는 크로아티아의 아우슈비츠로 불릴 만큼 유다인에게 악명이 높았다.

1941년 크로아티아에 들어선 크로아티아 독립국을 주도한 것이 우스타샤였다. '봉기'라는 뜻의 이 파시스트 정부는 나치의 정책을 이어받아 유다인을 절멸시키고자 했고, 여기에 세르비아 정교도들까지 포함시켜 박해를 자행했다. 이슬람을 테러 집단이라고 매도하지만 모든 종교적 광기에는 잔학한 폭력의 가능성이 내재해 있다. 가톨릭이라고 예외가 아니었다. 파벨리치는 공공연히 "크로아티아에 살고 있는 200만 명의 정교도 세르비아인 가운데

복자 스테피나츠는 자그레브 대성당 제
대 뒤에 안치되어 있다. 많은 사람이 그
의 관을 돌아보며 머물렀다. 노인들도 젊
은 사람들도 다르지 않았다. 존경하는
마음이 느껴지는 손길과 눈빛이었다. 한
할아버지 가이드가 여행자들에게 스테
피나츠에 대해 얘기해주고 싶어 했다. 크
로아티아 사람과 그 밖에 있는 이의 생각
은 다르겠지만.

3분의 1은 개종시키고, 3분의 1은 추방하고, 나머지는 절멸시키겠다."라고 선언했다.

당시 스테피나츠는 자그레브 대주교였다. 처음에 주교는 이 상황을 종교적으로 해석했다. 러시아 정교회와 세르비아 정교회를 배후로 한 공산주의와의 일전이라고 판단한 것이다. 그는 우스타샤의 행위를 마치 십자군처럼 해석하기도 했다고 한다. 몇 년이 흐른 뒤에야 문제의 심각성을 알게 된 그는 우스타샤를 비판하며 최대한 외교적인 관계를 유지하면서 인명피해를 줄이는 쪽으로 입장을 정했다. 그러나 무슬림과 유다인을 향한 우스타샤의 악의적인 배격은 끝나지 않았다. 세르비아 사람들은 이 비극을 잊지 못했다.

우스타샤의 악행은 크로아티아 출신 파르티잔 요시프 티토에 의해 종지부를 찍었다. 그 후 우스타샤는 공공연히 금기시되는 이름이었다. 티토는 크로아티아와 세르비아인을 포함한 남슬라브 민족을 모두 아우르는 국가를 세워 평화를 지향해나갔다. 하지만 티토가 세상을 떠난 후 모든 욕망이 재분출되고 말았다. 저마다 눌러 왔던 원한들도 폭발했다. 세르비아는 우스타샤에게 맞서 조직했던 체트니크를 다시 결성해 크로아티아인과 보스니아 무슬림을 '인종청소'하고자 했다. 세르비아가 발칸유럽의 학살자로 알려지게 된 것이 바로 이 때문이다.

1946년 스테피나츠 주교는 전범재판에 회부되었다. 우스타샤 지원과 나치에 대한 협력, 세르비아 정교인에 대한 강제개종 등의 혐의로 16년형을 선고받은 그는 망명과 가택연금 중에서 후자를 택했다. 참담한 역사의 당사자였던 크로아티아와 세르비아, 그리고 슬로베니아, 보스니아 헤르체고비나, 마케도니아, 몬테네그로 등 6개 공화국으로 구성되었던 유고슬라비아 사회주의연방공화국(유고연방) 사람들은 이 재판에 대해 각기 생각이 달랐다. 1998년 요한바오로 2세 교황이 스테피나츠를 시복했을 때도 마찬가지였다.

주님, 당신을 믿습니다

블로그 이웃 한 분이 자그레브 대성당에서 봤다며 사진 속의 문장이 무슨 뜻인지를 물었다. 나무 십자가 위에 새겨진 'u tebe se gospodine uzdam'이라는 문장이었다. 검색해봤더니 스테피나츠 대주교의 사목 표어였다. "주님, 당신을 믿습니다." 서른여섯 젊은 나이에 주교가 되면서 그는 테데움(Te Deum)의 마지막 문장을 자신의 지향으로 삼았다.

"……In te, Domine, speravi: non confundar in aeternum(주님, 우리가 당신께 바라오니 영원토록 부끄럼이 없으리이다)."

스테피나츠 주교는 하느님 앞에 이르러 그 마지막 문장을 완성했을까? 그 자신은 그런 믿음, 그런 희망으로 살았을지도 모른다. 그의 영혼은 하느님 앞에 할 말이 있을지도 모른다.

> 임은 전 생애가 마냥 슬펐기에
> 임 쓰신 가시관을 나도 쓰고 살으리라
> 이 뒷날 임이 보시고 날 닮았다 하소서
> 이 뒷날 나를 보시고 임 닮았다 하소서
> 이 세상 다할 때까지 당신만 따르리라

〈임 쓰신 가시관〉을 부르는 젊은 사제들의 고백에 스테피나츠 주교의 한 생이 겹쳐 보인다. 그는 당시 가톨릭교회에서 가장 젊

스테피나츠 추기경이 세상을 떠난 후 미국에 살고 있던 이반 메슈트로비치가 보낸 부조도 성당에 있다.

은 주교였다. 그가 감당해야 할 현실은 너무 절박하고 가혹했다. 그는 광풍 속에 서 있었다. 1943년 바티칸을 방문한 스테피나츠는 이반 메슈트로비치를 만났다. 메슈트로비치는 우스타샤의 폭력을 반대해 투옥되었다가 스테피나츠의 도움으로 석방된 상태였다. 그때 메슈트로비치는 우스타샤의 범죄행위에 대해 물으며 사실을 제대로 알아야 한다고 지적했다. 주교는 눈물을 흘렸다고 전해진다.

그는 지금 이반 메슈트로비치가 만든 관에 안치되어 있다. 그가 이미 병들었을 때 미국에 살고 있던 메슈트로비치는 유고슬라비아를 방문해 추기경이 된 그를 찾았다. 메슈트로비치는 그가 죽은 후 "스테피나츠는 할 수 있는 한 사람들을 적극적으로 도왔다. 어려움에 처한 사람이면 가톨릭이든 정교인이든 비그리스도인이든

상관없었다. 그에 대한 공격은 왜곡된 부분이 많다.”고 옹호했다.

스테피나츠에 대한 평가는 여전히 갈라져 있다. 그는 나치와 우스타샤, 크로아티아 민족주의자들의 폭력에 공범이었을까? 그는 티토의 공산주의를 거슬러 가톨릭교회를 지키고자 했던가? 민족감정과 종교와 인종차별과 나치즘 등이 뒤섞인 20세기의 혼돈을 숨가쁘게 내달려온 발칸유럽 역사의 한복판이었다.

참고자료

갤러웨이, 스티븐/우달임 옮김.《사라예보의 첼리스트》. 문학동네, 2008
고이치, 이노우에/이경덕 옮김.《살아남은 로마, 비잔틴제국》. 다른세상,
　2010
마리, 요네하라/이현진 옮김.《프라하의 소녀시대》. 마음산책, 2017
마조워, 마크/이순호 옮김.《발칸의 역사》. 을유문화사, 2006
매튜스, 토머스 F./김이순 옮김.《비잔틴 미술》. 예경, 2006
안드리치, 이보/김지향 옮김.《드리나 강의 다리》. 문학과지성사, 2005
안드리치, 이보/김지향 옮김.《이보 안드리치 단편집》. 지식을만드는지
　식, 2009
안드리치, 이보/정근재 옮김.《보스니아 종교문화사》. 문화과학사, 1998
요한 바오로 2세/이석규 옮김.《우리는 그분 안에서 하나입니다》. 김영
　사, 2005
우스펜스키, 레오니드.《정교회의 이콘 신학》. 정교회출판사, 2012
카플란, 로버트/이상옥 옮김.《지중해 오디세이》. 민음사, 2007
커닝엄, 메리/이종인 옮김.《비잔틴 제국의 신앙》. 예경, 2006
코엘료, 파울로/이상해 옮김.《베로니카, 죽기로 결심하다》. 문학동네,
　2005
콜로제이축, 브라이언/허진 옮김.《마더 데레사 나의 빛이 되어라》. 오래
　된미래, 2008
클렌데닌, 대니얼 B./주승민 옮김.《동방 정교회 신학》. 은성, 1997
타키투스/박광순 옮김.《타키투스의 연대기》. 범우, 2005
토빈, 그렉/허종열 옮김.《요한 23세 성인 교황》. 가톨릭출판사, 2014
포파, 바스코/오민석 옮김.《절름발이 늑대에게 경의를》. 문학동네, 2006
푸어만, 호르스트/차용구 옮김.《교황의 역사: 베드로부터 베네딕트 16세

까지》. 길, 2013

김지향. 《이보 안드리치》. 건국대학교출판부, 2002

김철민 · 김원회. 《또 하나의 유럽, 발칸유럽을 읽는 키워드》. 한국외국어
　　대학교 지식출판원, 2016

남영우. 《땅의 문명》. 문학사상사, 2018

박찬희. 《박찬희 교수가 쉽게 쓴 동방 정교회 이야기》. 신앙과지성사,
　　2012

신우태 편. 《성 끼릴과 함께 떠나는 중세여행》. 명지출판사, 2001

이기성. 《발칸유럽 역사산책: 초승달과 쌍두 독수리》. 북랩, 2014

이재규. 《발칸, 시간이 멈춘 곳: 과거와 현재 그리고 미래 발칸의 모습》.
　　21세기북스, 2010

이종헌. 《낭만의 길 야만의 길》. 소울메이트, 2012

임영상 · 황영삼 편. 《소련과 동유럽의 종교와 민족주의》. 한국외국어대학
　　교출판부, 1996

진형준. 《성상 파괴주의와 성상 옹호주의》. 살림출판사, 2003

가톨릭굿뉴스 http://www.catholic.or.kr/

유네스코와 유산 https://heritage.unesco.or.kr/

카푸친 작은형제회 https://capuchin.kr/

한국정교회 https://www.orthodoxkorea.org/

남슬라브 사람들인 발칸유럽 사람들은 자신들의 땅을 발칸으로 부르는 걸 별로 좋아하지 않는다고 한다. '발칸'이라는 말 자체에 부정적인 의미가 있기 때문이다. 오리엔탈리즘에 서구의 우월이 묻어나는 것과 같이 발칸이라는 이름에도 오스만 제국의 영향과 관계를 폄훼하는 시선이 담겨 있다고 한다. 이러한 시선에는 비잔티움 제국이 멸망한 후 이교도인 이슬람 제국의 영토가 되면서 시간이 멈춰버렸다는 평가가 담겨 있다. 말하자면 후진적이고 야만적이고 폭력적이라는 오명을 씌운 것이다. 게다가 20세기 들어 그토록 참혹한 전쟁으로 세상에 각인되었으므로 부정적인 이미지는 강화될 수밖에 없었다.

　음험하고 위태롭다고 알려진 이미지 속의 발칸유럽을 들여다보기 시작하자 혼란스러워졌다. 단순하게 알았던 사실들이 금세 균열을 일으켰다. 무엇보다 가해와 피해의 영역이 헷갈리기 시작했다. 보스니아에서 세르비아로, 그리고 크로아티아로. 가해와 피해의 역사가 범벅인 그곳에서 누가 가장 피해자이고 누가 진짜 가해자인지를 가리는 게 가능한 일일까. 그리고 그것이 어떤 의미가 있을까. 뒤늦게 크로아티아가 자행한 역사를 알게 된 것은 또 충격이었다. 쉽게 판단해서는 안 되는 이유, 쉽게 입을 열어 말을 쏟아내선 안 되는 이유가 거기에 있었다. 그 역사를 뒤로 하고 이제 이 나라들은 저마다 독립국이 되었다.

발칸유럽의 지난한 역사는 그들의 문자에도 흔적을 남기고 있다. 지금 크로아티아는 서유럽의 영향으로 라틴 문자를 쓰고, 정교회 세력이 컸던 세르비아는 키릴 문자를 써왔으며, 보스니아는 오스만 제국 시절 무슬림이 많아지면서 아랍 문자를 받아들였다. 세르보크로아트어를 쓰던 남슬라브 사람들이 저마다 다른 문자를 얻게 된 그 시간들이 그들의 힘겨운 역사 자체다. 서로 쓰는 문자는 다르지만 지금도 그들의 말은 많이 다르지 않은 것 같다. 여전히 말의 뿌리, 말의 샘은 하나인 것이다.

몬테네그로의 성인 레오폴도 만딕의 성화가 자그레브 대성당에 걸려 있었다. 그의 한평생은 어딘가에, 누군가에게 단 하나의 가로등이라도 되지 않았을까?

스테피나츠 복자를 뒤로 하고 나오는 자그레브 대성당 입구 벽에 몬테네그로의 저 작은 성인 레오폴도 만딕의 성화가 걸려 있었다. 만딕이 바랐던 화해와 일치의 소망은 참혹하게 깨지곤 했다. 그럼에도 그의 소망과 그의 믿음과 그의 한평생이 단 하나의 가로등이라도 불을 밝히지 않았을까?

우연히도, 세계에 불을 밝혀준 니콜라 테슬라의 고향에서 발칸 순례를 마무리했다. 이 도시의 점등인은 일일이 가로등의 불을 켜 어두워지는 도시를 밝힌다. 어디든 그렇지만 발칸에도 씨를 뿌리고 빛을 꺼뜨리지 않으려 분투한 많은 이들이 있었을 것이다. 아브라함이 그토록 찾던 의인들이 분명히 있었다. 고통스러운 역사였으나 이름 없는 사람들의 행보는 여전히 이어져 왔다.

갈라지고 깨지고 고통 받아온 슬라브 민족들의 땅 발칸유럽. 슬라브인들은 오랫동안 이 땅에서 때로는 하나의 국가 구성원으로, 때로는 각기 다른 나라를 형성해서 살아왔다. 그들은 역사를 공유했으나 고통도 공유했다. 때로 서로가 상처를 주고받았다. 가해와 피해의 자취가 뒤섞여 있다.

흔히 '종교와 문화의 모자이크'라고 불리는 발칸유럽이 서로 다른 종교와 문화와 역사로 인해 상처를 입었다는 말은, 한편으로 그만큼 다양한 자취를 품고 있다는 말이다. 그만큼 다채로운 삶의 현장을 만날 수 있다는 얘기다. 정교인과 무슬림과 가톨릭 신자들. 그들이 겪은 고통의 흔적 위에 치유의 수고가 더해져 더 빛나는 아름다움을 볼 수 있는 곳, 발칸유럽이다. 이 작은 책이 발칸유럽을 이루는 모자이크 조각들의 빛과 그림자를 만나는 데 조금이라도 도움이 된다면 좋겠다. 연민과 공감으로 내미는 손길이 되면 정말 좋겠다.

"함께 있되 거리를 두라."는 칼릴 지브란의 조언처럼 발칸유럽이 "서로의 잔을 채워주되 한쪽의 잔만을 마시지 않기를" 기원한다. 발칸을 여행하는, 순례하는 이들에게도 축복이 깃들기를.

오래된 시간, 발칸유럽

발칸에서 동서방교회를 만나다

초판 펴낸 날 2020년 10월 22일
2쇄 펴낸 날 2024년 01월 12일

지은이 이선미

펴낸곳 오엘북스
펴낸이 옥두석

편집장 이선미 | **책임편집** 임혜지
디자인 이호진

주소 경기도 고양시 일산동구 중앙로 1055 레이크하임 206호
전화 031. 906-2647 | **팩스** 031. 912-6643 | **이메일** olbooks@daum.net
출판등록 2020년 1월 7일(제2020-000115호)

ISBN 979-11-969309-4-3   03920